# 目次

JN074951

# 第1課 はじめに

## 天地創造
（創世記 1-2章）

（創世記　1章1節）

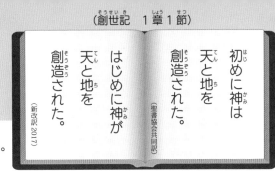

初めに神は
天と地を
創造された。
（新改訳2017）

はじめに神が
天と地を
創造された。
（聖書協会共同訳）

☑「こども聖書検定・旧約聖書編 公式テキスト」の本文 10-11 ページを読もう。

☑ 右の聖句をおぼえて、声に出して言ってみよう。

問い 神様がつくられた天地創造の順番のとおり、◯の中に数字を書こう。

神様は太陽と星と月をつくりました。 ◯日目

神様は大空をつくり、「天」と名づけました。 ◯日目

神様は獣、家畜、地を這うもの、そして、神様に似せて人間をつくりました。 ◯日目

神様はできあがったものに満足をして、聖なる日として祝福し、お休みなさいました。 ◯日目

神様は水の中の生き物と、翼のある生き物をつくりました。 ◯日目

神様は光を「昼」、そして闇を「夜」と名づけました。 ◯日目

神様は陸地と海を分け、陸地には植物を生えさせました。 ◯日目

52 ページで答え合わせをしよう!

ぬり絵を楽しもう!

おさらいをしよう!

神様がつくられた天地創造の順番をおぼえて、

1日目から順番に言ってみよう。

できました

月　日

# 第2課 罪のはじまり
## 最初の人アダムとエバ
（創世記2-3章）

☑「こども聖書検定・旧約聖書編 公式テキスト」の本文 14-15 ページを読もう。
☑ 右の聖句をおぼえて、声に出して言ってみよう。

（創世記 3章1節）

神は本当に、園のどの木からも取って食べてはいけないと言ったのか。園の木のどれからも食べてはならないと、神は本当に言われたのですか。

（新改訳2017）
（聖書協会共同訳）

 問い

このページの中の、アダムとエバを探そう。（左上のアイコンマークは数に含まない）
●アダム [ ]箇所　●エバ [ ]箇所

（1）神様は人間の鼻に命の息を吹き入れた。
（2）神様は人のあばら骨一つをとって女の人を作った。
　　男の人はアダム、女の人がエバ。
（3）蛇に言われて、エバはがまんできずに
　　実をとって食べ、アダムにも渡した。
（4）二人は裸でいるのが恥ずかしくなった。
（5）二人は神様の足音を聞いて隠れた。
（6）神様は二人をエデンの園から追い出した。

カイン　　アベル

おさらいをしよう！

もう一度本文を読んで、このページの絵を押さえながら、話しの順番を声に出して話してみよう。

できました
月　日

52 ページで答え合わせをしよう！

# 第3課 虹の約束
## ノアの箱舟
（創世記 6-10章）

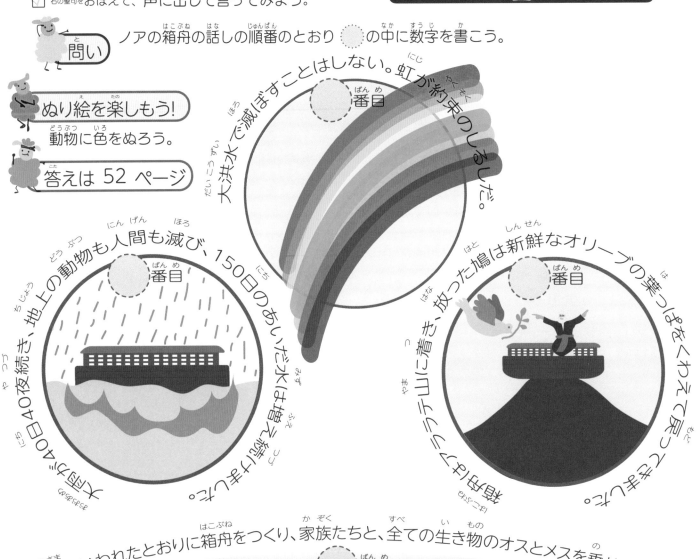

（創世記 9章13節）

私は雲の中に私の虹を置いた。これが私と地との契約のしるしとなる。

わたしは雲の中に、わたしの虹を立てる。それが、わたしと地との間の契約のしるしである。

（新改訳 2017）（聖書協会共同訳）

☑ 「こども聖書検定・旧約聖書編 公式テキスト」の本文 18-19 ページを読もう。
☑ 右の聖句をおぼえて、声に出して言ってみよう。

問い ノアの箱舟の話しの順番のとおり ◯ の中に数字を書こう。

ぬり絵を楽しもう!
動物に色をぬろう。
答えは 52 ページ

大洪水で滅ぼすことはしない。虹が約束のしるしだ。

◯番目

雨が40日40夜続き、地上の動物も人間も滅び、150日のあいだ水は増えつづけました。

◯番目

アララテ山に着き、放った鳩は新鮮なオリーブの葉っぱをくわえて戻ってきました。

◯番目

ノアは神様にいわれたとおりに箱舟をつくり、家族たちと、全ての生き物のオスとメスを乗せました。

◯番目

できました

月　日

4

# 第4課 混乱

## バベルの塔
（創世記 11 章）

（創世記 11章7節）

彼らの言語を混乱させ、互いの言語が理解できないようにしよう。

（新改訳 2017）

彼らのことばを混乱させ、互いの話しことばが通じないようにしよう。

（聖書協会共同訳）

☑ 「こども聖書検定・旧約聖書編 公式テキスト」の本文 22-23 ページを読もう。

☑ 右の聖句をおぼえて、声に出して言ってみよう。

 問い 数千ある言語のほんの少しだけれど、世界の国の「こんにちは」を書写してみよう。

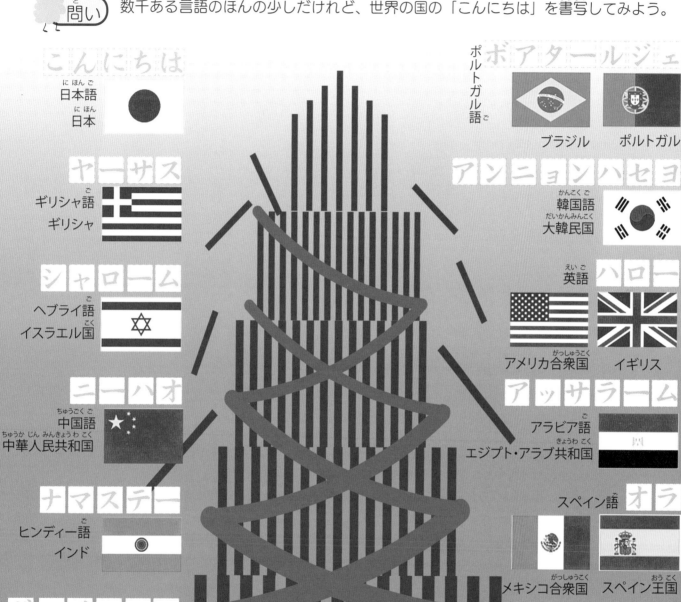

こんにちは

日本語
日本

ヤーサス
ギリシャ語
ギリシャ

シャローム
ヘブライ語
イスラエル国

ニーハオ
中国語
中華人民共和国

ナマステー
ヒンディー語
インド

ボンジョルノ
イタリア語
イタリア

プリビットゥ
ウクライナ語
ウクライナ

グーテンターク
ドイツ語
ドイツ連邦共和国

ボアタールジェ
ポルトガル語
ブラジル　ポルトガル

アンニョンハセヨ
韓国語
大韓民国

ハロー
英語
アメリカ合衆国　イギリス

アッサラーム
アラビア語
エジプト・アラブ共和国

オラ
スペイン語
メキシコ合衆国　スペイン王国

ボンジュール
フランス語
フランス

メルハバ
トルコ語
トルコ

マロエレレイ
トンガ語
トンガ王国

できました

月　日

# 第5課 正しい人ヨブ 祝福する神
（ヨブ記）

（ヨブ記 42章5節）

私は耳であなたのことを聞いていました。しかし今、私の目はあなたを見ました。（聖書協会共同訳）

私はあなたのことを耳で聞いていました。しかし今、私の目があなたを見ました。（新改訳2017）

☑「こども聖書検定・旧約聖書編 公式テキスト」の本文 24-26 ページを読もう。

☑ 右の聖句をおぼえて、声に出して言ってみよう。

問い

苦しみの最中のヨブに、妻や友人、そして神様がヨブに言葉をかけました。
神様、妻、友人（3人）、エリフの言葉はどれかな？ 点線を辿って答えを書こう。

イ （ ）の言葉

ロ （ ）の言葉

ハ （ ）の言葉

ニ （ ）の言葉

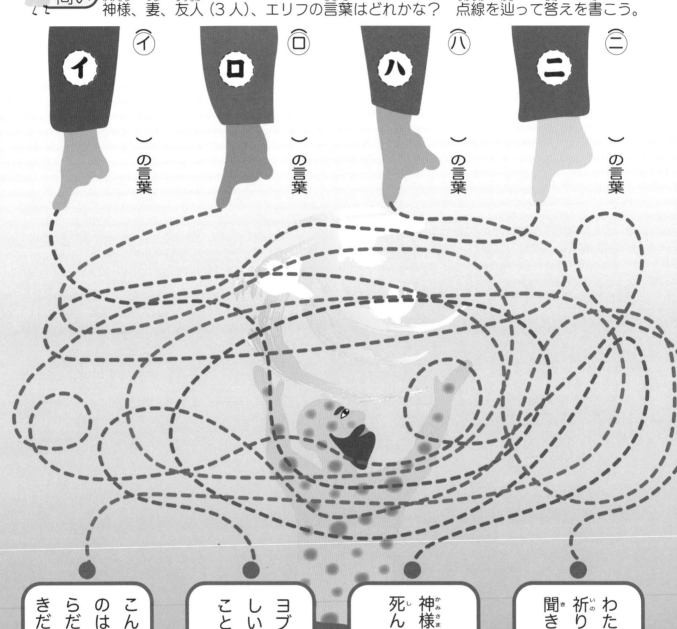

こんなひどいことがおきたのは、きみが罪を犯したからだ。神様に悔い改めるべきだ。

ヨブが神様よりも自分を正しいかのように話していることに怒りだした。

神様を呪って死んだほうが良い。

わたしはヨブの祈りを聞き入れる。

できました
月 日

答えは52ページ

おさらいをしよう！

もう一度本文を読もう。

# 第6課 信仰の人アブラハム
## アブラハムの義・イサクの犠牲
（創世記 12-16 章）

（創世記 15章6節）

アブラハムは主を信じた。主はそれを彼の義と認められた。
（聖書協会共同訳）

アブラハムは主を信じた。それで、それが彼の義と認められた。
（新改訳 2017）

☑「こども聖書検定・旧約聖書編 公式テキスト」の本文 28-29 ページを読もう。

☑ 右の聖句をおぼえて、声に出して言ってみよう。

問い　右下の「ここからスタート」から、「ゴール」まで、話しの流れに沿って迷路を解いてみよう。

（1）アブラムは神様から「生まれ育ったウルを出て、カナンに行きなさい」と言われて、どこに行くかわからないまま出発した。

（2）途中のハランの地で財産と人々を蓄えた。

（3）神様はアブラムに天の星を見せ、「あなたの子孫はこのようになる」と言われた。

（4）神様は「イサクを連れてモリヤの地に行きなさい」と言われた。

アブラムが75歳の時、ここハランからカナンの地に向けて出発！

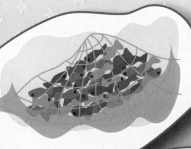

「星を数えてみなさい」
その後、アブラムが99歳になった時、神様は「あなたはアブラハム（国民の父）となる」と言われた。

甥のロト
アブラムの父テラ
妻のサライ　のちのサラ
アブラム　のちのアブラハム

ウルを出発！
ここからスタート！

できました
月　日

ゴール！

イサク

モリヤの地

おさらいをしよう！

もう一度、本文を読んでみよう。

答えは 52 ページ

# 第7課 つかみ取るヤコブ
## ヤコブから神の約束の民イスラエルへ
（創世記 25-35章）

（創世記 32章28節） （創世記 32章29節）

あなたの名はもはやヤコブではなく、これからはイスラエルと呼ばれる。あなたは神と闘い、人々と闘って勝ったからだ。
（聖書協会共同訳）

あなたの名は、もうヤコブとは呼ばれない。イスラエルだ。あなたが神と、また人と戦って、勝ったからだ。
（新改訳2017）

☑ 「こども聖書検定・旧約聖書編 公式テキスト」の本文 32-33 ページを読もう。
☑ 右の聖句をおぼえて、声に出して言ってみよう。

問い　「スタート」の質問から、2つの答えのどちらかを選んで、次の質問に答えながら「ゴール」まで進もう。 間違った方を選ぶと蝶が出てきて、それ以上進めないよ。

**スタート**
エサウとヤコブはどちらが兄？

**ヤコブ**
←左へ進む
ひだり　すす

**エサウ**
右へ進む→
みぎ　すす

リベカは
エサウとヤコブ
どちらを愛した？

**エサウ**
下へ進む
した　すす
↓

**エサウ**
←左へ進む
ひだり　すす

イサクは
だまされて
誰を祝福した？
だれ　しゅくふく

**ヤコブ**
←左へ進む
ひだり　すす

**レア**
下へ進む
した　すす
↓

ヤコブが愛して
結婚したかった
のは誰？
あい　けっこん　だれ

**ヤコブ**
←左へ進む
ひだり　すす

**ラケル**
右へ進む→
みぎ　すす

ヤコブは
ヤボクの川で
誰と戦った？
かわ　だれ

**エサウ**
右へ進む→
みぎ　すす

**ペヌエル**
下へ進む
した　すす
↓

神様がつけた
ヤコブの新しい
名前は？
かみさま　あたら　なまえ

**神様**
←左へ進む
ひだり　すす

**イスラエル**
おめでとう
ゴール！

おさらいをしよう！
人の名前とその関係を覚えよう。
ひと　なまえ　かんけい　おぼ

できました
月　日

答えは 52 ページ
こた

# 第8課 神様がヨセフと共におられる

## ヤコブ一族エジプト移住

（創世記37-50章）

（創世記　45章5節）

命を救うために、神が私をあなたがたより先にお遣わしになったのです。神はあなたがたより先に私を遣わし、いのちを救うようにしてくださいました。

（新改訳2017）

（聖書協会共同訳）

☑「こども聖書検定・旧約聖書編 公式テキスト」の本文 36-37 ページを読もう。
☑ 右の聖句をおぼえて、声に出して言ってみよう。

**問い** ヨセフは自分の見た2つの夢を兄たちに話しました。「畑の中の束」、「まわりの束」、「月や星」はそれぞれ何を意味しているのだろう？ （イ）（ロ）のうち正しい方を選ぼう。

（イ）畑の中で立ち上がった束は、「ヨセフ」のことを意味している。

（ロ）畑の中で立ち上がった束は、「エジプト王のファラオ」のことを意味している。

（イ）まわりの束は「エジプトの使用人」のことを意味している。

（ロ）まわりの束は「ヨセフの兄たち」のことを意味している。

（イ）太陽と月と十一の星は「羊たちが獣を拝んでいる」という意味。

（ロ）太陽と月と十一の星は「ヨセフの父と母、兄さんたちが、ヨセフの前に進み出て、ヨセフにひれ伏す」という意味。

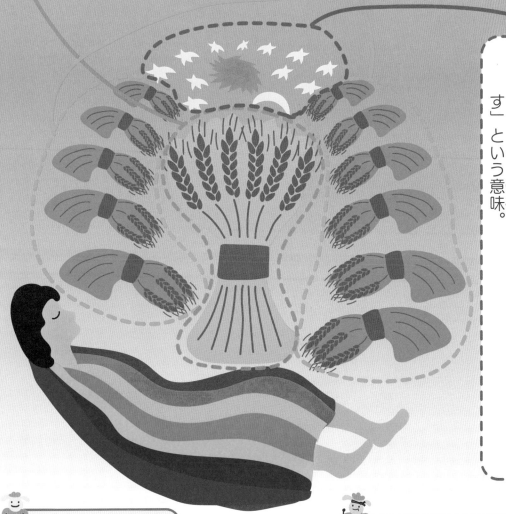

**おさらいをしよう！**

ヨセフの見たこの夢は、その後に起きる出来事を意味しています。もう一度本文を読みましょう。

答えは 53 ページ

できました
月　日

# 第9課 モーセの使命
## わざわいからの救い
(出エジプト記 1-11章)

（出エジプト記　3章14節）

神はモーセに言わ
れた。「私はいる、
という者である。」
神はモーセに仰せ
られた。「わたし
は『わたしはある』
という者（者）である。」
（新改訳2017）
（聖書協会共同訳）

☑ 「こども聖書検定・旧約聖書編 公式テキスト」の本文 40-42 ページを読もう。
☑ 右の聖句をおぼえて、声に出して言ってみよう。

 問い　イスラエルの民を救い出すように神様に言われ、モーセはアロンと共にでかけるよ。
上と下の絵には違うところが 7 つあるよ。見つけて、下の絵の違うところを○で囲もう。

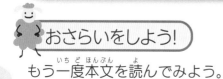 おさらいをしよう！
もう一度本文を読んでみよう。

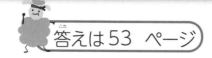 答えは 53 ページ

できました
月　日

## 第10課 神様が過ぎ越される 10番目の奇跡
（出エジプト記 11-13章）

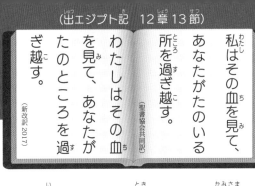

（出エジプト記 12章13節）

私はその血を見て、あなたがたのいる所を過ぎ越す。

わたしはその血を見て、あなたがたのところを過ぎ越す。

（聖書協会共同訳）

（新改訳2017）

☑「こども聖書検定・旧約聖書編 公式テキスト」の本文 44 ページを読もう。

☑ 右の聖句をおぼえて、声に出して言ってみよう。

**問い** 神様は「羊の血がぬられた家は過ぎ越す」とモーセに言われた。その時のために、神様が用意するように言われたものが絵の中に5つあるよ。正解の絵と中心の絵を線で結ぼう。

もち

子牛

苦菜

ヒソプ

雄の子羊

酵母を入れないパン

魚

わさび

わさび

子羊の肉

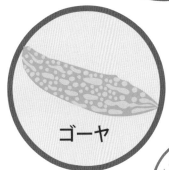

ゴーヤ

**おさらいをしよう！**

もう一度本文を読んでみよう。

答えは53ページ

できました

月　日

## 第11課 海が二つに割れる
## エジプト脱出
（出エジプト記 13-18章）

☑「こども聖書検定・旧約聖書編 公式テキスト」の本文 46-47 ページを読もう。
☑ 右の聖句をおぼえて、声に出して言ってみよう。

（出エジプト記 14章14節）

主があなたがたの
ために戦われる。
あなたがたは静か
にしていなさい。

主があなたがたの
ために戦われるの
だ。あなたがたは、ただ
黙っていなさい。

（新改訳2017）
（聖書協会共同訳）

問い　モーセが杖をあげて手を海に向かってのばすと海がわかれ、イスラエルの民はそこを進んだ。神様は、昼は雲の柱、夜は火の柱でイスラエルの民を導き、ずっと離れずに守ってくださった。
この出来事を表す力強いぬり絵をしよう。

　ぬり絵を楽しもう！

## 第12課 神様の教え
### 十戒・律法
（出エジプト記・レビ記・民数記）

☑「こども聖書検定・旧約聖書編 公式テキスト」の本文 50-51 ページを読もう。

☑ 右の聖句をおぼえて、声に出して言ってみよう。

**問い** イエス・キリストは神様の本来の律法…愛を示すために来られました。（本文P147より）

イエス・キリストの示された2つのいましめを、上からなぞって書いてみよう。次に白紙原稿に同じいましめを書いてみよう。

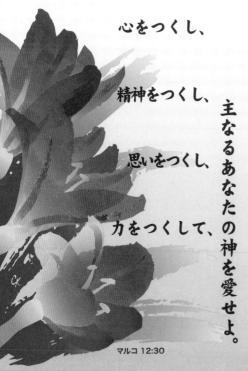

心をつくし、

精神をつくし、

思いをつくし、

力をつくして、

主なるあなたの神を愛せよ。

マルコ 12:30

自分を愛するように

あなたの隣り人を愛せよ。

マルコ 12:31

---

よこがき→　第一の戒めは

「心をつくし、精神をつくし、思いをつくし、力をつくして、主なるあなたの神を愛せよ。」第二の戒めは「自分を愛するようにあなたの隣り人を愛せよ。」これより大事ないましめは、ほかにない。

マルコによる福音書 12章 30-31節
（口語訳）

よこがき→

できました
月　日

# 第13課 幕屋
(出エジプト記・レビ記・民数記)

☑ 「こども聖書検定・旧約聖書編 公式テキスト」の本文54ページを読もう。
☑ 右の聖句をおぼえて、声に出して言ってみよう。

（出エジプト記 40章38節）

旅路にある間、昼は主の雲が幕屋の上にあり、夜はその中に火があった。イスラエルの全家の前には、旅路にある間、昼は主の雲が幕屋の上にあるのを、イスラエルの家は皆、目にしていたからである。
（新改訳2017）

問い　幕屋には何が置かれているかな？　また、場所の名前は何かな？
梯子の道に沿って正解に辿り着こう。

| 聖所 | 外庭 | 洗盤 | 至聖所 | 祭壇 |

おさらいをしよう！

幕屋に置かれているものの名前を
指で押さえながら言ってみよう。

できました
月　日

答えは53ページ

# 第14課 12人の偵察隊
## カナン偵察
（民数記 13-14章）

（民数記　14章8節）

主は私たちをあの地に導き入れ、あの乳と蜜の流れる地を私たちに与えてくださるでしょう。私たちをあの地に導き入れ、それを私たちに下さる。あの地は乳と蜜が流れる地だ。

（新改訳2017）

☑「こども聖書検定・旧約聖書編 公式テキスト」の本文 56-57 ページを読もう。
☑ 右の聖句をおぼえて、声に出して言ってみよう。

問い　モーセは神様に言われた通り、カナンに偵察隊を送ったよ。偵察隊が持ち帰った果物は何かな？

←ヒント：
うすい皮を手でむくだけで簡単に食べられるよ。赤い色のきれいな果肉はプチプチした食感で、ほのかに甘いよ。ジャムにしてもおいしいよ。
この果物は

□□□□ です。

→ヒント：
紫色の丸い果実は房になって垂れ下がり、多くの実をつけるよ。干してケーキに入れたり、ワインにしたりするよ。
この果物は

□□□ です。

←ヒント：
実が熟すと赤く硬い外の皮が裂け、赤く透明な宝石のルビーのような果肉の粒がたくさん現れるよ。
この果物は

□□□ です。

月　日

ぬり絵を楽しもう！

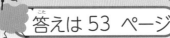
答えは 53 ページ

# 第15課 しゃべるロバ
## モアブの王バラクと占い師バラム
（民数記 22-24 章）

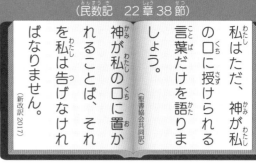

（民数記 22 章 38 節）

私はただ、神が私の口に授けられる言葉だけを語りましょう。神が私の口に置かれることば、それを私は告げなければなりません。

（新改訳2017）

☑「こども聖書検定・旧約聖書編 公式テキスト」の本文 58-59 ページを読もう。
☑ 右の聖句をおぼえて、声に出して言ってみよう。

**問い**

モアブの王バラクは、イスラエルの民が怖くなり、占い師バラムをやとい、イスラエルを呪ってもらおうと考えた。
絵と、それぞれが言ったことばの内容が合うものを線で結ぼう。

**バラク王** ●

**バラム** ●

**ロバ** ●

**主の使い**

● 「なぜ、ロバを三度も打ったのか。ロバを進ませなかったのはわたしだ。おまえが間違ったことをしようとしたからだ。」

● 「イスラエルを呪ってくれ。」

● 「どうして私を三度も打つのですか。」

● 「おまえが私をばかにしたからだ。剣があれば殺してやった。」

**おさらいをしよう！**

神様はバラムの口にことばをあたえた。どこに行ってもバラムの口から出たのは呪いのことばではなく祝福のことばだった。

できました
月 日

答えは 53 ページ

# 第16課 新しいリーダーにヨシュア
## ヨルダン川前のモーセの説教
（申命記）

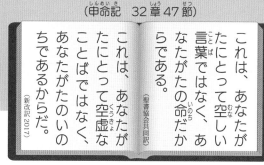

（申命記 32章47節）

これは、あなたがたにとって空しい言葉ではなく、あなたがたの命だからである。

これは、あなたがたにとって空虚なことばではなく、あなたがたのいのちであるからだ。
（聖書協会共同訳）

（新改訳2017）

☑ 「こども聖書検定・旧約聖書編 公式テキスト」の本文 60 ページを読もう。

☑ 右の聖句をおぼえて、声に出して言ってみよう。

 問い

モーセは人生の最後に、これからカナンに入っていくイスラエルの民に情熱をもって励ましを与え、新しいリーダーとしてヨシュアを任命し、バトンタッチしたよ。あなたも誰かにバトンタッチすること、またバトンタッチされたことはあるかな？そのことを絵の中のバトンに書いてみよう。

【モーセは、それまでに神様が見せてくださった数々の奇蹟や教えを民に伝えた。】

●あなたがたは神様の大きな愛に包まれている大切な民であること。

●神様はあなたがたを特別に守り繁栄させてくださること。

●ただおひとりの神様に感謝して、あなたがたも神様を愛し、その教えを守りぬくように。

バトン

よくできました
月 日

## 第17課 エリコの城壁が角笛と大声でくずれる
## エリコ陥落・ヨシュアが12部族の割当

（ヨシュア記）

（ヨシュア記 24章15節）

私と私の家は
主に仕える。
（新改訳2017）

私と私の家は
主に仕える。
（聖書協会共同訳）

☑ 「こども聖書検定・旧約聖書編 公式テキスト」の本文 62-63 ページを読もう。
☑ 右の聖句をおぼえて、声に出して言ってみよう。

問い

いよいよ、ヨルダン川を渡り、エリコの町までやって来たよ。1日に一周、同じことを6日間くりかえしたよ。
7日目には町を7周！
絵を1～7日目まで
たどってみよう。

←1日目・1周
←2日目・1周
←3日目・1周
←4日目・1周
←5日目・1周
←6日目・1周
←7日目・7周

おさらいをしよう！

話の順番を声に出して
話してみよう。

できました

月　日

# ギデオン・サムソン
（士師記）

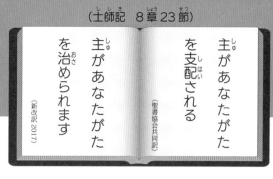

主があなたがた
を支配される
（聖書協会共同訳）

主があなたがた
を治められます
（新改訳 2017）

（士師記 8章23節）

☑ 「こども聖書検定・旧約聖書編 公式テキスト」の本文 66-67 ページを読もう。

☑ 右の聖句をおぼえて、声に出して言ってみよう。

問い ギデオンに関係ある絵、サムソンに関係ある絵をそれぞれ線で結ぼう。

神殿の柱を押した

300匹の
ジャッカル

**ギデオン**

デリラという女性

角笛と壺と松明で
戦った

**サムソン**

髪の毛を剃り落とさない

酒ぶねの中で
小麦を打っていた

300人の兵士

おさらいをしよう！

話しのの順番を声に出して
話してみよう。

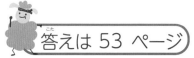

答えは 53 ページ

よくできました
月 日

# 第19課 あなたの神は私の神
## ルツ・ナオミ・ボアズ
(ルツ記)

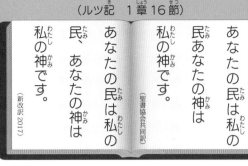

(ルツ記 1章16節)

あなたの民は私の
民あなたの神は
私の神です。
(新改訳2017)

あなたの民は私の
民、あなたの神は
私の神です。
(聖書協会共同訳)

☑ 「こども聖書検定・旧約聖書編 公式テキスト」の本文 70-71 ページを読もう。
☑ 右の聖句をおぼえて、声に出して言ってみよう。

問い

「スタート」の質問から、2つの答えのどちらかを選んで、次の質問に答えながら「ゴール」まで進もう。 間違った方を選ぶと雪の結晶が出てきて、それ以上進めないよ。

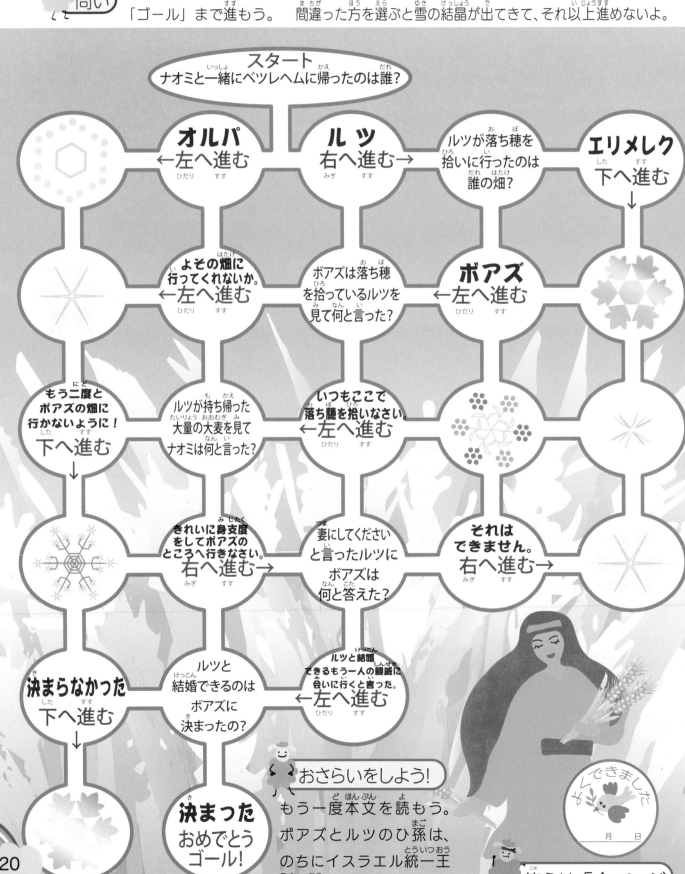

**スタート**
ナオミと一緒にベツレヘムに帰ったのは誰?

**オルパ**
←左へ進む

**ルツ**
右へ進む→

ルツが落ち穂を拾いに行ったのは誰の畑?

**エリメレク**
下へ進む ↓

よその畑に行ってくれないか。
←左へ進む

ボアズは落ち穂を拾っているルツを見て何と言った?

**ボアズ**
←左へ進む

もう二度とボアズの畑に行かないように!
下へ進む ↓

ルツが持ち帰った大量の大麦を見てナオミは何と言った?

いつもここで落ち穂を拾いなさい。
←左へ進む

きれいに身支度をしてボアズのところへ行きなさい。
右へ進む→

妻にしてくださいと言ったルツにボアズは何と答えた?

**それはできません。**
右へ進む→

**決まらなかった**
下へ進む ↓

ルツと結婚できるのはボアズに決まったの?

ルツと結婚できるもう一人の親戚に会いに行くと言った。
←左へ進む

**決まった**
おめでとう
ゴール!

🐑 おさらいをしよう!
もう一度本文を読もう。
ボアズとルツのひ孫は、のちにイスラエル統一王国の王となるダビデです。

できました
月 日

答えは 54 ページ

# 第20課 初代イスラエルのサウル王
## 預言者サムエルがサウル王に油を注ぐ
( サムエル記 )

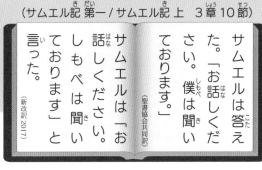

サムエルは答えた。「お話しくださ い。僕は聞い ております。」

サムエルは「お 話しください。 しもべは聞い ております」と 言った。

（新改訳 2017）　（聖書協会共同訳）

 「こども聖書検定・旧約聖書編 公式テキスト」の本文 74-75 ページを読もう。

右の聖句をおぼえて、声に出して言ってみよう。

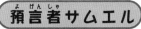

問い　預言者サムエルに関係ある文章、サウル王に関係ある文章をそれぞれ線で繋ごう。

### 預言者サムエル

神様の預言者として長年イスラエルを、おさめた。

ベニヤミン族キシュの息子。

背が高く、飛びぬけて美しい青年。

イスラエルの初代王に油を注いだ。

### サウル王

神様の呼かけに「はい。お話しください。僕は聞いております」とこたえた。

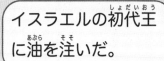

イスラエルの初代王になった。

祭司のエリのもとで暮らしていた。

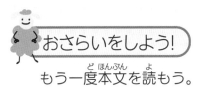
おさらいをしよう！
もう一度本文を読もう。

答えは 54 ページ

できました
月　日

21

# 第21課 ダビデとゴリアテ(ゴリアト)
## サウルは千を打ち、ダビデは万を打つ
(サムエル記)

☑ 「こども聖書検定・旧約聖書編 公式テキスト」の本文 78-79 ページを読もう。

☑ 右の聖句をおぼえて、声に出して言ってみよう。

**問い** ダビデとゴリアテ(ゴリアト)の特徴が雲や木の中にあるよ。正しい方を〇で囲もう。

ベツレヘムで羊の世話をしていた
ダビデ　ゴリアテ

身長が3メートル
ダビデ　ゴリアテ

ダビデ　ゴリアテ
ペリシテ人

竪琴がじょうず
ダビデ　ゴリアテ

石投げと5つの石の内1つの石だけで戦った
ダビデ　ゴリアテ

ゴリアテ(ゴリアト)

3 メートル
6 キュピット
5 キュピット
2 メートル
4 キュピット
3 キュピット
あなた
2 キュピット
1 メートル
1 キュピット

60キログラムの鎧をつけていた
ダビデ　ゴリアテ

ダビデ

あなたの身長は何キュピット？
あなたの姿を描いてみよう。

できました
月　日

ぬり絵を楽しもう！

# 第22課 ダビデ王のイスラエル統一王国

## ダビデの栄光と罪

( サムエル記・歴代誌 )

（サムエル記 第二 / サムエル記 下　19章4節）

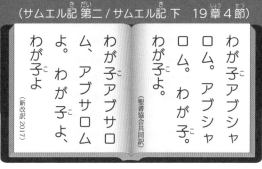

わが子アブシャ
ロム。アブシャ
ロム。わが子。
わが子アブサロ
ム、アブサロム
よ。わが子、
わが子よ

（聖書協会共同訳）

（新改訳2017）

☑ 「こども聖書検定・旧約聖書編 公式テキスト」の本文 82-83 ページを読もう。

☑ 右の聖句をおぼえて、声に出して言ってみよう。

**問い** イスラエル統一王国のダビデ王に関係のある質問です。　左の文章と右の文章で合うもの同士を線で繋ごう。

ダビデはエルサレムの町を都とした。

ソロモン

バテ・シェバ ( バト・シェバ )

ペリシテ人にうばわれた『神の箱』

アブサロム ( アブシャロム )

ヘテ ( ヘト ) 人ウリヤ

神様がダビデのもとに彼をつかわして、ダビデがどれほどひどい罪を犯したのかを知らせた。

預言者ナタン

その町を「ダビデの町」と呼んだ。

父ダビデから王座をうばおうとした。

ダビデはこれをいったんオベデ・エドム ( オベドエドム ) の家に置き、3ヵ月後、ダビデの町にうつした時、喜びいっぱい神様のまえで、全力でおどった。

バテ・シェバ ( バト・シェバ )とダビデの息子

**おさらいをしよう！**

ダビデはユダの王として7年半、全イスラエルの王として33年のあいだ国をおさめた。そのあいだに、たくさんの歌をのこした。

**答えは 54 ページ**

できました
月　日

# 第23課 主はわたしの羊飼い
## 詩篇（詩編）

私は主の家に住もう日の続くかぎり。
（聖書協会共同訳）

私はいつまでも主の家に住まいます。
（新改訳2017）

☑ 「こども聖書検定・旧約聖書編 公式テキスト」の本文86ページを読もう。
☑ 右の聖句をおぼえて、声に出して言ってみよう。

問い　詩編の詩を上からなぞって書いてみよう。次に白紙原稿に同じ詩を書いてみよう。

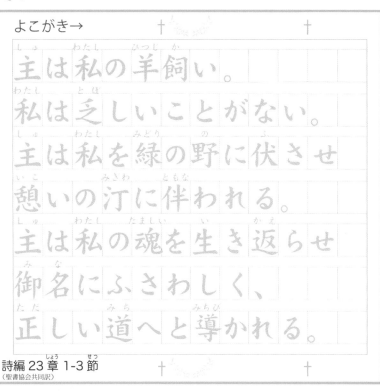

よこがき→

主は私の羊飼い。
私は乏しいことがない。
主は私を緑の野に伏させ
憩いの汀に伴われる。
主は私の魂を生き返らせ
御名にふさわしく、
正しい道へと導かれる。

詩編 23章 1-3節
（聖書協会共同訳）

よこがき→

ぬり絵を楽しもう！　ダビデと羊や、緑の野（牧場）をぬってみよう。

よくできました
月　日

24

# 第24課 ソロモンの知恵
## ソロモンの栄光と罪
（列王記）

☑ 「こども聖書検定・旧約聖書編 公式テキスト」の本文 88-89 ページを読もう。
☑ 右の聖句をおぼえて、声に出して言ってみよう。

問い　ソロモン王に関係のある質問。
左の文章と右の文章で合うもの同士を線で繋ごう。

ある夜、神様が夢にあらわれ「なんでもほしいものをあたえよう」と言った。

「生きているその子をふたつに切って、半分をひとりに、半分をもうひとりにあたえなさい。」と、子どものほんとうの母親を言い当てた。

ソロモンは妻として外国の女性をたくさんむかえいれた。

イスラエルの民がエジプトを出てから480年目。

ダビデと仲の良い友だちだったヒラム。

それは神様がとても悲しむこと。

神殿の建設がはじまった年。

神殿を建てるのを手伝った。

ひとりの子をめぐって、ふたりの遊女が「私の子です」と言ってけんかをはじめた。

民を正しくおさめるための知恵をもとめた。

おさらいをしよう！

ソロモンはエルサレムで40年のあいだ王としてイスラエルをおさめ、3000の箴言、1500の歌をのこした。

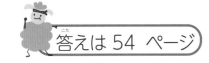
答えは 54 ページ

できました
月　日

# 第25課 知恵に耳を傾けよう（箴言）

主を畏れること
は知識の初め。
（聖書協会共同訳）

主を恐れることは
知識の初め。
（新改訳2017）

☑ 「こども聖書検定・旧約聖書編 公式テキスト」の本文91ページを読もう。
☑ 右の聖句をおぼえて、声に出して言ってみよう。

 問い　箴言の詩を上からなぞって書いてみよう。次に白紙原稿に同じ詩を書いてみよう。

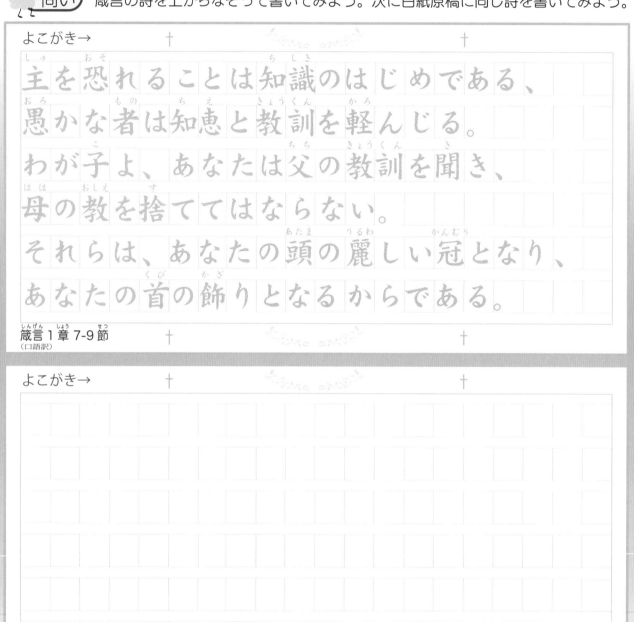

よこがき→

主を恐れることは知識のはじめである、
愚かな者は知恵と教訓を軽んじる。
わが子よ、あなたは父の教訓を聞き、
母の教を捨ててはならない。
それらは、あなたの頭の麗しい冠となり、
あなたの首の飾りとなるからである。

箴言 1章 7-9 節
（口語訳）

よこがき→

ぬり絵を楽しもう！　あなたの冠と首飾りはどんな色かな？

できました

月　日

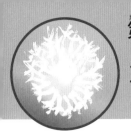

# 第 26 課　神様を知らなければすべては空

## コヘレトの言葉（伝道者の書）

空の空、
空の空、
すべては空。
（新改訳 2017）

空の空、
一切は空である。
（聖書協会共同訳）

☑「こども聖書検定・旧約聖書編 公式テキスト」の本文 92 ページを読もう。

☑ 右の聖句をおぼえて、声に出して言ってみよう。

問い　コヘレトの言葉（伝道者の書）の詩を上からなぞって書いてみよう。次に白紙原稿に同じ詩を書いてみよう。

よこがき→

日は昇り、日は沈む。
そしてまた、元の昇るところへと急ぐ。
風は南に吹き、巡って北に吹く。
巡り巡って風は吹く。
しかし、その巡る道に風は帰る。
川はみな海に流れ込むが、
海は満ちることがない。

伝道者の書 1 章 5-7 節
（新改訳 2017）

よこがき→

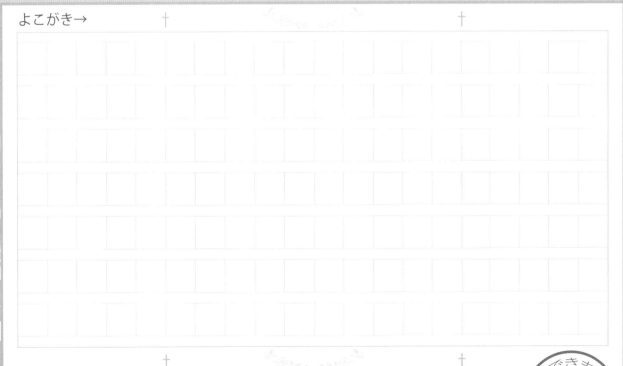

ぬり絵を楽しもう！　巡り巡っているイメージで塗ってみよう。

できました
月　日

# 第27課 愛の歌
## 雅歌

（雅歌 2章1節）

私は
シャロンのばら、
谷間の百合。

（聖書協会共同訳）

私は
シャロンのばら、
谷間のゆり。

（新改訳2017）

☑ 「こども聖書検定・旧約聖書編 公式テキスト」の本文93ページを読もう。

☑ 右の聖句をおぼえて、声に出して言ってみよう。

**問い** 雅歌の詩を上からなぞって書いてみよう。次に白紙原稿に同じ詩を書いてみよう。

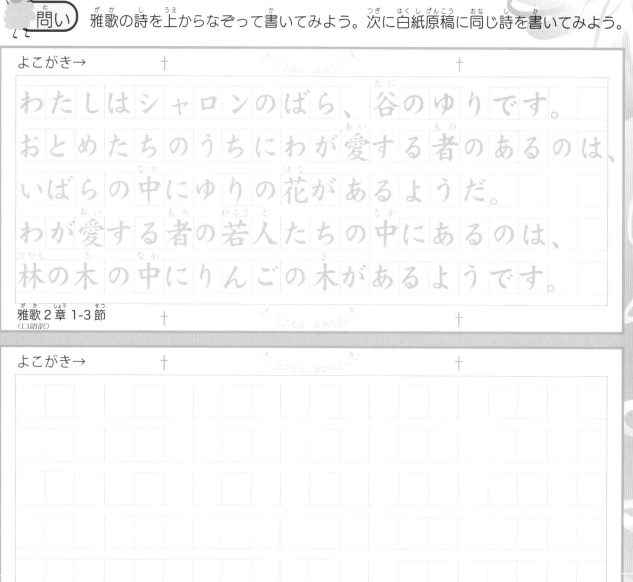

よこがき→

わたしはシャロンのばら、谷のゆりです。

おとめたちのうちにわが愛する者のあるのは、

いばらの中にゆりの花があるようだ。

わが愛する者の若人たちの中にあるのは、

林の木の中にりんごの木があるようです。

雅歌2章1-3節
（口語訳）

よこがき→

**ぬり絵を楽しもう！** 春になるとアネモネがいっせいに立ち上るようすを力強く塗ろう。

できました

月　日

☑「こども聖書検定・旧約聖書編 公式テキスト」の本文 94-95 ページを読もう。

問い　28課〜50課までに登場する王や預言者を左右に配列しているので、中央の年表図にある王や預言者と線で結ぼう。（例：アハズヤ王、アルタヤ王のように線で結ぼう）

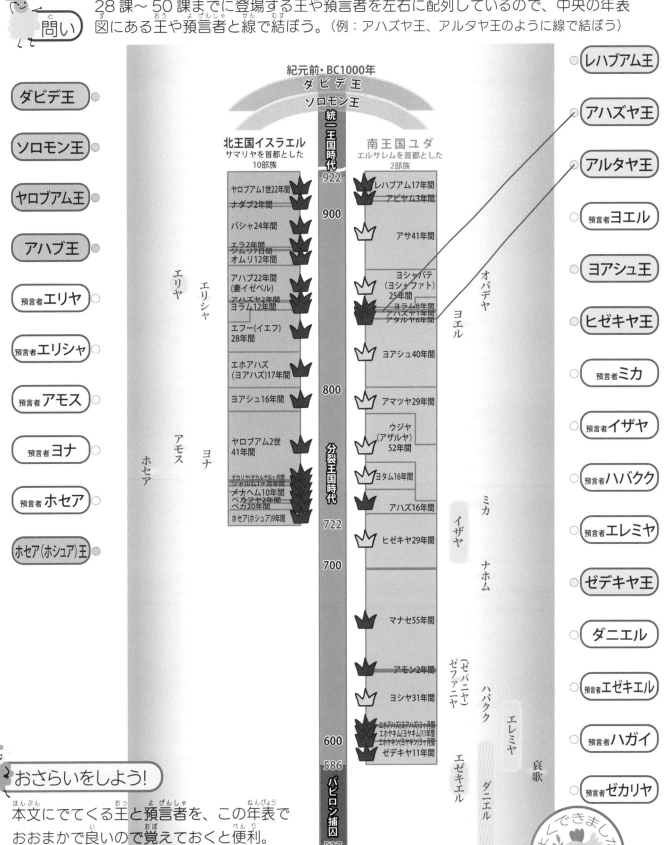

おさらいをしよう！

本文にでてくる王と預言者を、この年表でおおまかで良いので覚えておくと便利。

答えは 54 ページ

# 第29課 生きたまま天に上った預言者エリヤ
( 列王記 )

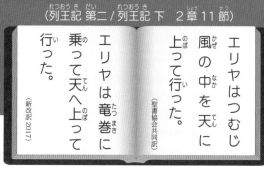

エリヤはつむじ風の中を天に上って行った。

エリヤは竜巻に乗って天へ上って行った。

（新改訳2017）

（聖書協会共同訳）

☑ 「こども聖書検定・旧約聖書編 公式テキスト」の本文 96-98 ページを読もう。
☑ 右の聖句をおぼえて、声に出して言ってみよう。

問い

火の馬にひかれた火の戦車が迎えにきて、つむじ風にのって天にのぼった預言者エリヤには、たくさんの出来事があるよ。
左の語句と右の文章で合うもの同士を線で繋ごう。

| アハブ王と妻イゼベル | エリヤは、死んだ息子の命をかえしてくださるよう主に祈り、息子は生きかえった。 |

| サレプタのやもめ | エリヤのあとをつぐ預言者を見つけ、その人に油を注ぐように神様に言われた。 |

| エリシャ | バアルの預言者らとカルメル山で対決し、エリヤの祈りに主が応え3年ぶりに雨が降った。 |

おさらいをしよう!

もう一度、本文をよく読んで
お話をしてみよう。

ぬり絵を楽しもう!

できました
月　日

答えは 55 ページ

# 第30課 エリヤの2倍の霊を求めた預言者エリシャ
（列王記）

（列王記 第二／列王記 下　5章14節）

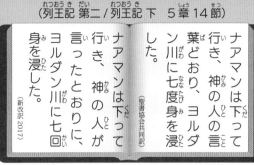

ナアマンは下って行き、神の人の言葉どおり、ヨルダン川に七度身を浸した。

ナアマンは下って行き、神の人が言ったとおりに、ヨルダン川に七回身を浸した。

（新改訳2017）

（聖書協会共同訳）

☑「こども聖書検定・旧約聖書編 公式テキスト」の本文 100-102 ページを読もう。
☑ 右の聖句をおぼえて、声に出して言ってみよう。

問い　預言者エリヤに2倍の霊の力を求めた預言者エリシャにも、たくさんの出来事があるよ。　左の文章と右の文章で合うもの同士を線で繋ごう。

二人の息子が奴隷としてつれて行かれそう

ヨルダン川で7回からだをあらうと、まるで子どものようにひふ病がきれいになった。

シュネムの裕福な女の人

近所から借りた、たくさんの器が油でいっぱいなり、その油を売って借金を返した。

将軍ナアマン

とつぜん死んだ息子について、エリシャが神様に祈ると息子は7回くしゃみをして目をひらいた。

おさらいをしよう！

もう一度、本文をよく読んでお話しをしてみよう。

ぬり絵を楽しもう！

答えは 55 ページ

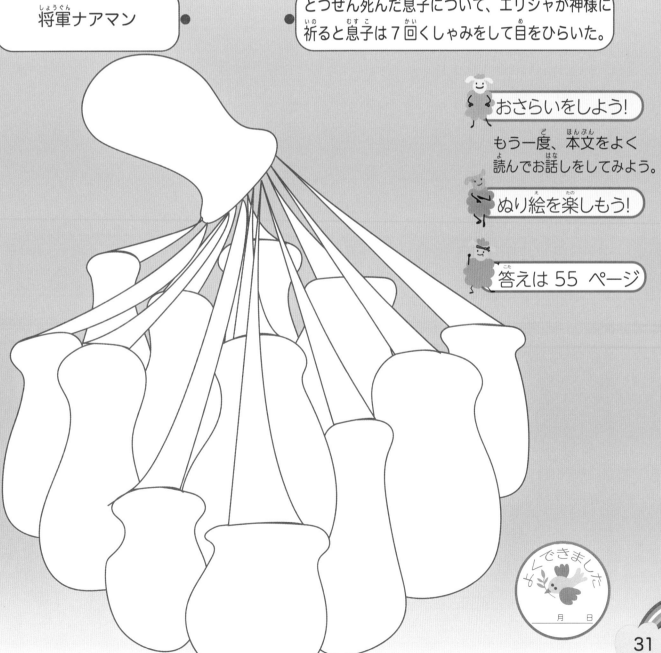

できました
月　日

# 第31課 7歳の王ヨアシュ

## 南王国ユダの王ヨアシュの神殿修復
（Ⅱ列王記・Ⅱ歴代誌）

（列王記 第二 12章2節 / 列王記 下 12章3節）

ヨアシュは、祭司ヨヤダの教えを受け、生涯を通じて主の目に適う正しいことを行なった。

（新改訳2017）

ヨアシュは、祭司エホヤダが彼を教えた間、いつも主の目にかなうことを行なった。

（聖書協会共同訳）

☑ 「こども聖書検定・旧約聖書編 公式テキスト」の**本文 104 ページ**を読もう。
☑ 右の聖句をおぼえて、声に出して言ってみよう。

**問い** 7歳でユダの王になったヨアシュを支えたのは誰？ また、ヨアシュが王になるのを反対したのは誰？ 左の名前と右の文章で合うもの同士を線で繋ごう。

| | |
|---|---|
| エホシェバ（ヨシェバ） | ヨアシュに王冠をかぶらせ油を注いだ。祭司として長年ヨアシュを教え導いた。 |
| アタルヤ | 寝具をしまう小部屋に幼いヨアシュとその乳母をかくまった。 |
| エホヤダ（ヨヤダ） | 自分が王になりたくて王子たちを殺した。 |

**ぬり絵を楽しもう！**

**答えは 55 ページ**

できました ♪ レ 月 日

# 異邦人への救い
（ヨナ書）

（ヨナ書　1章17節　/　ヨナ書　2章1節）

主は巨大な魚に命じて、ヨナを呑み込ませたので、ヨナは三日三晩そ
の魚の腹の中にいた。（新改訳2017）

主は大きな魚を備えて、ヨナを呑み込ませた。ヨナは三日三晩、魚の腹の中にいた。（聖書協会共同訳）

☑「こども聖書検定・旧約聖書編 公式テキスト」の本文 106-107 ページを読もう。
☑ 右の聖句をおぼえて、声に出して言ってみよう。

**問い**　「スタート」の質問から、２つの答えのどちらかを選んで、次の質問に答えながら「ゴール」まで進もう。　間違った方を選ぶと魚が出てきて、それ以上進めないよ。

**スタート**
ヨブはどこ行きの船に乗った？

**ニネベ**
←左へ進む

**タルシシュ**
右へ進む→

神様が大風を吹かせたので船はどうなった？

**転覆した**
下へ進む↓

**船長**
←左へ進む

船乗りがくじ引きをして誰に当たった？

**こわれそうになった**
←左へ進む

**溺れた**
下へ進む↓

海に投げ込まれたヨナはどうなった？

**ヨナ**
←左へ進む

**大きな魚にのみこまれた**
右へ進む→

魚のおなかの中でヨナは何をした？

**寝ていた**
右へ進む→

**信じなかった**
下へ進む↓

ヨナが神様の言葉を伝えた時、ニネベの人々は信じた？

**神様に祈った**
←左へ進む

答えは 55 ページ

**信じた**
おめでとう
ゴール！

**おさらいをしよう！**

「ヨナはニネベの人たちがあっさり悔い改めたのがおもしろくなかった。」
なぜおもしろくなかったの？
神様にはどんなお考えがあったの？

できました

月　日

# 第33課 羊を飼い、いちじく桑を育てていたアモス
## 主の正義を語る預言者アモス
（アモス書）

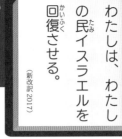

（アモス書9章14節）

わが民イスラエ
ルの捕らわれ人
を私は帰らせる。
（聖書協会共同訳）

わたしは、わたし
の民イスラエルを
回復させる。
（新改訳2017）

☑ 「こども聖書検定・旧約聖書編 公式テキスト」の本文 110 ページを読もう。

☑ 右の聖句をおぼえて、声に出して言ってみよう。

問い　神様が預言者アモスに語った、希望の言葉を上からなぞって書いてみよう。
次に白紙原稿に同じ言葉を書いてみよう。

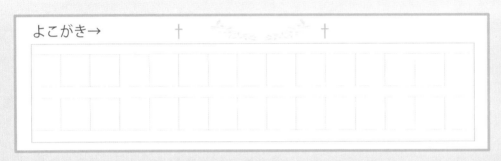

よこがき→　　　　　†　　　　　　　　　†

わが民イスラエルの捕らわれ人を
私は帰らせる。

アモス書 9 章 14 節（聖書協会共同訳）

よこがき→　　　　　†　　　　　　　　　†

ぬり絵を楽しもう！

34

# 第34課 妻を買い戻したホセア
## 主の愛を語る預言者ホセア
（ホセア書）

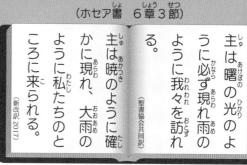

主は曙の光のように必ず現れ雨のように我々を訪れる。
（聖書協会共同訳）

主は暁のように確かに現れ、大雨のように私たちのところに来られる。
（新改訳2017）

☑「こども聖書検定・旧約聖書編 公式テキスト」の本文 111 ページを読もう。

☑ 右の聖句をおぼえて、声に出して言ってみよう。

**問い** 神様が預言者ホセアに語った、希望の言葉を上からなぞって書いてみよう。
次に白紙原稿に同じ言葉を書いてみよう。

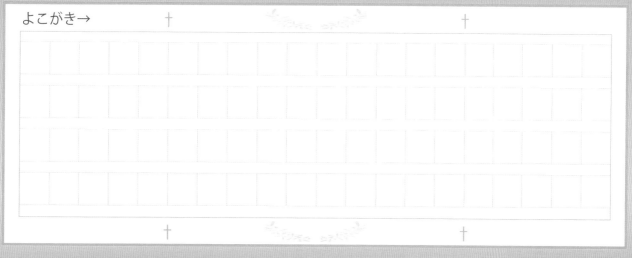

よこがき→

わたしたちは主を知ろう、せつに主を知ることを求めよう。主はあしたの光のように必ず現れいで、冬の雨のように、わたしたちに臨み、春の雨のように地を潤される。

ホセア書6章3節
（口語訳）

よこがき→

# 第35課 北王国イスラエル最後の王ホセア(ホシュア)王 アッシリアに滅ぼされる

(Ⅱ列王記)

☑「こども聖書検定・旧約聖書編 公式テキスト」の本文 112 ページを読もう。

**問い** 北王国イスラエルの最後の王はホセアです。ホセア王は9年間イスラエルをおさめました。文章の空欄に当てはまる語句を一番下の四角の枠から、記号で選ぼう。

(1)
アッシリアの王が攻めてきたとき、ホセア王はアッシリアの王が言うことは、なんでもそのとおりにしました。そしてたくさんの（　　　　　　）をおさめました。

(2)
ホセアは（　　　　　　）の王に助けてもらおうと考えました。

(3)
ホセアがアッシリアに貢ぎ物をおさめなくなったので、アッシリアの王はホセアの（　　　　　　）を疑い、ホセアを捕えて牢に入れました。

(4)
イスラエルの国は3年ものあいだアッシリアに取り囲まれ、ついには攻め取られてしまったのです。そして、（　　　　　　）の人々はアッシリアに連れて行かれました。

北王国
イスラエル

答えは 55 ページ

（イ）裏切り

（ロ）イスラエル

（ハ）貢ぎ物

（ニ）エジプト

よくできました
月　日

# 第36課 救い主イエス・キリストの誕生を預言するイザヤ

## 預言者イザヤの召命とメシア預言
（イザヤ書 1-39 章）

（イザヤ書 9章6節 / イザヤ書 9章5節）

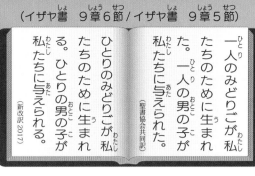

一人のみどりごが私たちのために生まれた。一人の男の子が私たちに与えられた。（聖書協会共同訳）

ひとりのみどりごが私たちのために生まれる。ひとりの男の子が私たちに与えられる。（新改訳2017）

☑「こども聖書検定・旧約聖書編 公式テキスト」の本文 114-115 ページを読もう。

☑ 右の聖句をおぼえて、声に出して言ってみよう。

**問い**　神様が預言者イザヤに語った、希望の言葉を上からなぞって書いてみよう。
次に白紙原稿に同じ言葉を書いてみよう。

よこがき→

一人のみどりごが私た
ちのために生まれた。
一人の男の子が私たち
に与えられた。

イザヤ書 9章5節（聖書協会共同訳）

よこがき→

Immanuel

Immanuel という名前
は「神様は私たちと
ともにいてくださる」
という意味です。

ぬり絵を楽しもう！

できました
月　日

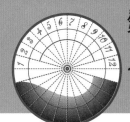

# 第37課 命拾いしたヒゼキア王

（イザヤ書 37章 35節）

## イザヤの預言でアッシリアから守られた

( Ⅱ列王記 18-20章・Ⅱ歴代誌 29-32章・イザヤ 36-39章 )

☑「こども聖書検定・旧約聖書編 公式テキスト」の本文 116-117 ページを読もう。

☑ 右の聖句をおぼえて、声に出して言ってみよう。

**問い** 「スタート」の質問から、2つの答えのどちらかを選んで、次の質問に答えながら「ゴール」まで進もう。 間違った方を選ぶと鳥が出てきて、それ以上進めないよ。

**スタート**
ユダの町々がアッシリアに占領され、ヒゼキヤ王はどうした？

エジプトに逃げた。
←左へ進む

宝物倉の銀・神殿の金を渡した。
右へ進む→

アッシリアの王に降参しろ！と言われて、ヒゼキアはどうした？

降参した。
下へ進む ↓

聞かれなかった。
←左へ進む

ヒゼキアの祈りを神様は聞いてくださった？

神に祈った。
←左へ進む

激しく怒った。
下へ進む ↓

その後 預言者イザヤが、「あなたは病気になり、死ぬ」と言われた時にヒゼキアはどうした？

祈りは聞かれ、アッシリア軍に勝利した。
←左へ進む

激しく泣き、主に祈った。
右へ進む→

ヒゼキアの祈りを神様は聞いてくださった？

聞かれなかった。
右へ進む→

良い薬をくださった。
下へ進む ↓

神様はどのような方法で命をのばしてくださった？

神様が15年命をのばしてくださった。
←左へ進む

**答えは 55 ページ**

日時計の影を10段戻すという奇蹟。
**ゴール！**

**おさらいをしよう！**

せっかく命拾いしたヒゼキヤだが、バビロンから見舞いがやってくると宝物倉の中や、国にある宝のすべてを得意げに見せてしまった。

できました
月　日

預言者イザヤのメシア預言・苦難の僕

（イザヤ書 40-66章）

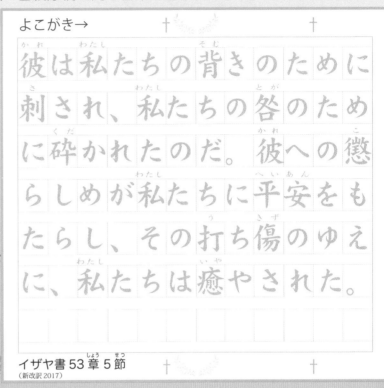

（イザヤ書 53章5節）

彼が受けた懲らしめに
よって私たちに平安が
与えられ彼が受けた打
ち傷によって私たちは
癒やされた。
《聖書協会共同訳》

彼への懲らしめが私
たちに平安をもたら
し、その打ち傷のゆ
えに、私たちは癒や
された。
《新改訳2017》

☑「こども聖書検定・旧約聖書編 公式テキスト」の本文 118-119 ページを読もう。

☑ 右の聖句をおぼえて、声に出して言ってみよう。

問い　神様は預言者イザヤに「救い主をこの世に送る」と約束された希望の言葉を上から
なぞって書いてみよう。次に白紙原稿に同じ言葉を書いてみよう。

「やがて来られる救い主は、人々が求めているような立派な姿ではなく、強そうでもなく人々に馬鹿にされ、苦しみ・悲しみ・病をよく知る方です。むちで打たれ、釘と槍で刺し通されて血を流します。人々はそれを見て『彼は神様から罰を受けているのだ』とののしります。けれど、そうではありません。本当なら人間が受けるはずの罰を、彼がかわりに受けるのです。

よこがき→

彼は私たちの背きのために刺され、私たちの咎のために砕かれたのだ。彼への懲らしめが私たちに平安をもたらし、その打ち傷のゆえに、私たちは癒やされた。

イザヤ書 53章5節
（新改訳2017）

よこがき→

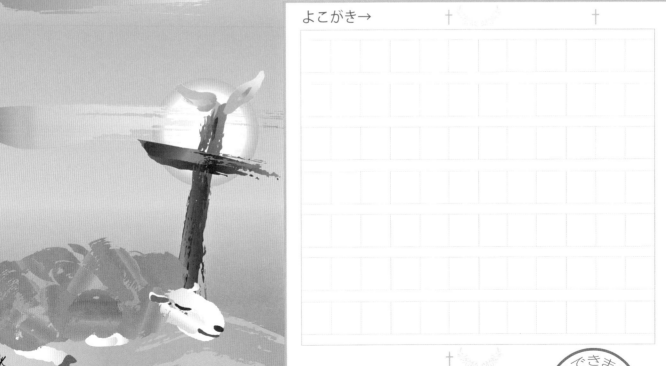

おさらいをしよう！

もう一度、本文を読もう。

できました
月　日

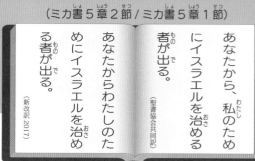

（ミカ書5章2節／ミカ書5章1節）

あなたから、私のためにイスラエルを治める者が出る。
（新改訳2017）

あなたからわたしのためにイスラエルを治める者が出る。
（聖書協会共同訳）

☑「こども聖書検定・旧約聖書編 公式テキスト」の本文 121 ページを読もう。

☑ 右の聖句をおぼえて、声に出して言ってみよう。

**問い** 神様が預言者ミカに語った、希望の言葉を上からなぞって書いてみよう。
次に白紙原稿に同じ言葉を書いてみよう。

よこがき→

> エフラタのベツレヘムよあなたはユダの氏族の中では最も小さな者。あなたから、私のためにイスラエルを治める者が出る。その出自は古く、とこしえの昔に遡る。

ミカ書5章1節
（聖書協会共同訳）

よこがき→

**おさらいをしよう！**

もう一度、本文を読もう。

ベツレヘム●

できました
月　日

# 第40課 正しい人は信仰によって生きる

## 預言者ハバクク
(ハバクク書)

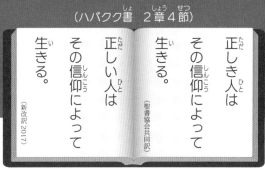
（ハバクク書　2章4節）

正しき人は
その信仰によって
生きる。
（聖書協会共同訳）

正しい人は
その信仰によって
生きる。
（新改訳2017）

☑ 「こども聖書検定・旧約聖書編 公式テキスト」の本文 122 ページを読もう。
☑ 右の聖句をおぼえて、声に出して言ってみよう。

問い 神様が預言者ハバククに語った、希望の言葉を上からなぞって書いてみよう。
次に白紙原稿に同じ言葉を書いてみよう。

よこがき→　　　　†　　　　　　　†

正しき人はその信仰によって

生きる。

ハバクク書2章4節（聖書協会共同訳）

よこがき→　　　　†　　　　　　　†

ぬり絵を楽しもう！

きれいな色で花をぬろう。

おさらいをしよう！

もう一度、本文を読もう。

もうできました

月　日

# 第41課 すべての人に霊を注ぐ神
## 主の日の預言者ヨエル
（ヨエル書）

（ヨエル書2章28節／ヨエル書3章1節）

私は、すべての肉なる者にわが霊を注ぐ。あなたがたの息子や娘は預言し、老人は夢を見、若者は幻を見る。

（聖書協会共同訳）

わたしはすべての人にわたしの霊を注ぐ。あなたがたの息子や娘は預言し、老人は夢を見、青年は幻を見る。

（新改訳2017）

☑ 「こども聖書検定・旧約聖書編 公式テキスト」の本文123ページを読もう。

☑ 右の聖句をおぼえて、声に出して言ってみよう。

（問い）　あなたの夢を書いてみよう。

よこがき→

ぬり絵を楽しもう！

できました

月　日

国の滅びを見届けた、涙の預言者エレミヤ

（エレミヤ書）

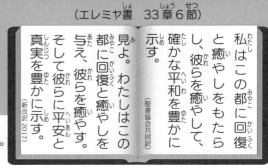

（エレミヤ書 33章6節）

見よ。わたしはこの都に回復と癒やしをもたらし、彼らを癒やして、そして彼らに平安と真実を豊かに示す。

（新改訳2017）

私はこの都に回復と癒やしをもたらし、彼らを癒やして、確かな平和を豊かに示す。

（聖書協会共同訳）

☑ 「こども聖書検定・旧約聖書編 公式テキスト」の本文 124-125 ページを読もう。

☑ 右の聖句をおぼえて、声に出して言ってみよう。

 問い

預言者エレミヤは「涙の預言者」と呼ばれるほどに嘆き、泣きつづけた。しかし、神様はエレミヤを通して希望の言葉を語り続けられたよ。

左の文章と右の文章で合うもの同士を線で繋ごう。

| | |
|---|---|
| バビロンに連れて行かれたら | 「契約のことばを人々の心に書く」と神様は言われた。 |
| 70年後 | 家を建て、畑で作物を作り収穫物を食べ、結婚して子どもを育てなさい。 |
| 石の板に書くのではなく | あなたたちをユダの地に連れ戻すと約束する。 |

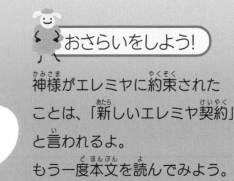

おさらいをしよう！

神様がエレミヤに約束されたことは、「新しいエレミヤ契約」と言われるよ。

もう一度本文を読んでみよう。

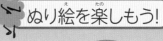

ぬり絵を楽しもう！

できました

月　日

43

答えは 56 ページ

# 第43課 エルサレムが攻め落とされバビロン捕囚となる
## エルサレム陥落・バビロン捕囚
（Ⅱ列王記・Ⅱ歴代誌・エレミヤ書・哀歌）

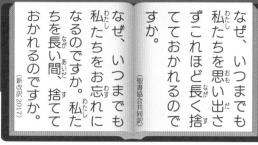

（哀歌5章20節）

なぜ、いつまでも私たちを思い出さずこれほど長く捨てておかれるのですか。
（聖書協会共同訳）

なぜ、いつまでも私たちをお忘れになるのですか。私たちを長い間、捨てておかれるのですか。
（新改訳2017）

☑「こども聖書検定・旧約聖書編 公式テキスト」の本文 126 ページを読もう。

☑ 右の聖句をおぼえて、声に出して言ってみよう。

問い　ゼデキヤ王の9年目、バビロンの王ネブカデネザルが全軍をつれてエルサレムを取り囲み、その2年後、ついにエルサレムの城壁が破られた。
文章の空欄に当てはまる語句を一番下の四角の枠から、記号で選ぼう。

(1)
バビロン軍は、（　　　　　　　）の青銅の柱、台などを砕いてバビロンに運び、壺や杯、器、金や銀などすべて奪っていきました。

(2)
神殿、王の宮殿、エルサレムの全ての家は（　　　　　　）ました。

(3)
（　　　　　　）王は逃げましたが追いつかれ、息子たちは殺され、王はバビロンに連れて行かれました。

(4)
ユダの貧しい人たちは、ぶどう畑や農場の労働者としてユダに残されましたが、それ以外の人々はみなバビロンに連れて行かれました。
その数（　　　　　　）人です。

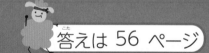
答えは 56 ページ

（イ）4600

（ロ）ゼデキヤ

（ハ）焼かれ

（ニ）主の神殿

南王国
ユダ

できました
月　日

## 捕囚中の民を励ます神
（ダニエル書）

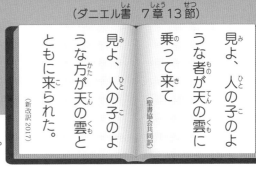

見よ、人の子のような者が天の雲に乗って来て
見よ、人の子のような方が天の雲とともに来られた。
（新改訳2017）
（ダニエル書 7章13節）

☑「こども聖書検定・旧約聖書編 公式テキスト」の本文 128-129 ページを読もう。

☑ 右の聖句をおぼえて、声に出して言ってみよう。

問い 「ダニエル」に関係ある絵と文、また「シャデラク（シャドラク）、メシャク、アベデ・ネゴ（アベド・ネゴ）」に関係ある絵と文をそれぞれ線で繋ごう。

自分たちの神を拝み、捕えられて、ライオンの穴に投げ込まれた。

だれにも解き明かすことのできない王の夢をみごとに言い当て、その意味も説明した。

ダニエル

神様が御使いを送ってライオンの口をふさいでくださった。

いつもより7倍も熱くされた火の炉の中に投げ込まれた。

神のようなお方と、3人が縄を解かれて歩いている。

ネブカデネザル王は高い金の像を立て、拝まない者を燃える火の炉に投げ込んだ。

シャデラク（シャドラク）
メシャク
アベデ・ネゴ（アベド・ネゴ）

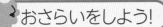 おさらいをしよう！

それぞれの話しの流れを覚えて声に出して話してみよう。

【ダニエルが仕えた王】
預言者ダニエルは、
バビロンのネブカデネザル（ネブカドネツァル）王、
メディアのダイレオス王、
ペルシアのキュロス王に仕えました。

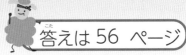

答えは 56 ページ

できました
月 日

# 第45課 バビロン捕囚民となった預言者エゼキエル 枯れた骨の復活
（エゼキエル書）

（エゼキエル書37章14節）

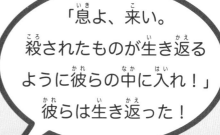

私があなたがたの中に霊を与えると、あなたがたは生き返る。わたしがあなたがたのうちにわたしの霊を入れると、あなたがたは生き返る。
（聖書協会共同訳）

（新改訳2017）

☑「こども聖書検定・旧約聖書編 公式テキスト」の本文 132-133 ページを読もう。

☑ 右の聖句をおぼえて、声に出して言ってみよう。

**問い** 神様がエゼキエルを干からびた骨だらけの谷に連れて行った。①～④の話の順番に沿った絵と、右の文の内容が合うものをそれぞれ線で繋ごう。

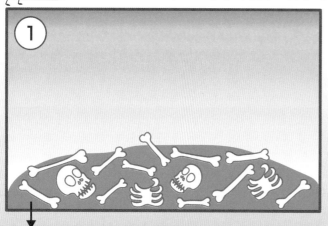

「息よ、来い。殺されたものが生き返るように彼らの中に入れ！」彼らは生き返った！

神様がエゼキエルをカラッカラに干からびた骨だらけの谷に連れて行った。

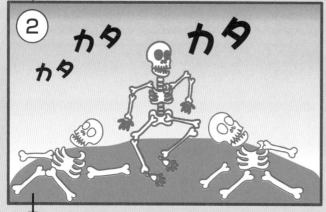

カタカタという音が大きくなり、谷にひびきわたった。骨と骨が互いに近づいてきた。

骨と骨がくっつき、つながり、筋がついて肉が生じ、つぎつぎと皮膚がおおってきた。

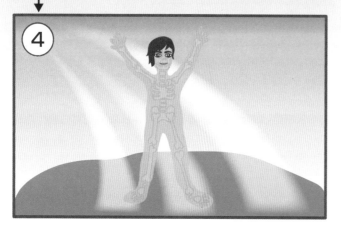

よくできました

月　日

答えは 56 ページ

# 第46課 エルサレムに帰り神殿を再建する
（エズラ記・ハガイ書・ゼカリヤ書）

（ゼカリヤ書　9章9節）

> 見よ、あなたの王があなたのところに来る。へりくだって、ろばに乗って来る。雌ろばの子、ろばに乗って。（新改訳2017）
>
> あなたの王があなたのところに来る。彼は正しき者であって、勝利を得る。義なる者で、柔和な者で、ろばに乗って。雌ろばの子である、ろばの子ろばに乗って。（聖書協会共同訳）

☑「こども聖書検定・旧約聖書編 公式テキスト」の本文 136-137 ページを読もう。

☑ 右の聖句をおぼえて、声に出して言ってみよう。

**問い** エルサレムに帰り神殿を再建するよ。どんな人が、どんな役割を担った（受け持った）かな？神殿に組まれた足場に沿って、それぞれの役割に辿り着こう。

答えは56ページ

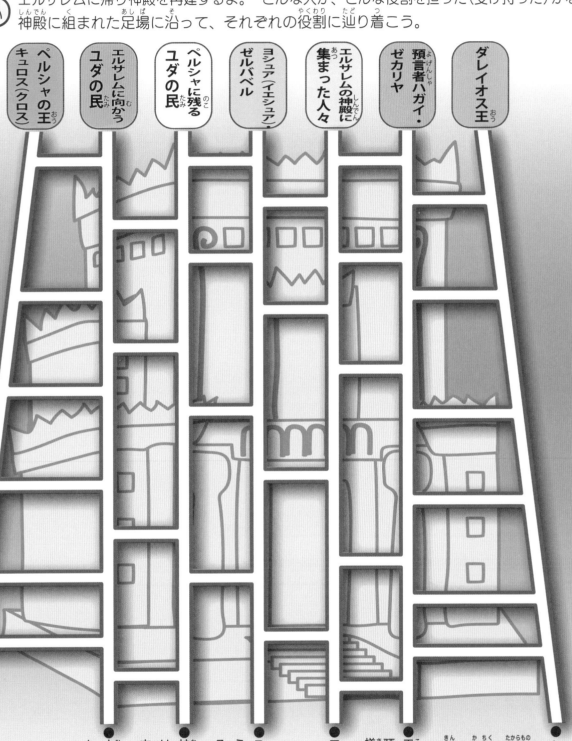

迷路ラベル（上）：
- ペルシャの王キュロス（クロス）
- エルサレムに向かうユダの民
- ペルシャに残るユダの民
- ヨシュア（イエシュア）・ゼルバベル
- エルサレムの神殿に集まった人々
- 預言者ハガイ・ゼカリヤ
- ダレイオス王

役割（下）：
- モーセの律法に書かれているように祭壇を築いた。
- 人々はラッパやシンバルをもって神様をほめたたえた。
- 神の神殿の工事を邪魔してはいけないと、工事にかかる費用を支給し、全面的な助けを命じた。
- ユダの民は自分の国に帰り、もう一度エルサレムに神殿を建てるようにとおふれを出した。
- エルサレムに向けて出発した。
- 工事が敵の妨害によって中断し、預言者ハガイとゼカリヤが、神様のことばを伝えにきた。
- 金や家畜、宝物などで帰る人々を助けた。

できました　月　日

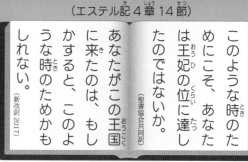

このような時のた
めにこそ、あなた
は王妃の位に達し
たのではないか。
あなたがこの王国
に来たのは、もし
かすると、このよ
うな時のためかも
しれない。

（新改訳2017）
（聖書協会共同訳）

# 勇気ある美しき王妃の決断

（ エステル記 ）

☑ 「こども聖書検定・旧約聖書編 公式テキスト」の本文 138-140 ページを読もう。

☑ 右の聖句をおぼえて、声に出して言ってみよう。

**問い** 勇気ある美しい王妃エステルの決断で、ユダヤ人は危機一髪のところで絶滅をまぬかれた。一つ一つのできごとがつながって絶滅をまぬかれたよ。このできごとの順番を、記号で下の表に書き入れよう。

**イ**
クセルクセス王の宴会に
ワシュティ王妃が来ず、
王はかっとなり、王妃
の座から追放した。

**チ**
モルデカイがある二人の
王の殺害計画を知り、エステルに告げ、
彼女が王に知らせ、二人は死刑となった。
その事件はモルデカイの名とともに
王の前で記録された。

**ロ**
王がエステルに目を留め
金の笏が差し出されたので「王様のため
に宴会をいたします。ハマンとともに
お越しください」とエステルは
王に告げた。

**ト**
宴会の日、エステルはハマン
の計画を王に告げ、ハマンは柱に
かけられ、ユダヤ人は危機一髪
のところで絶滅を
まぬかれた。

**ハ**
モルデカイはエステルに
「ユダヤ人が滅ぼされることに
なった。王に助けを求めて
ほしい」と伝えた。

**ヘ**
だれもがハマンにひざをかがめ、
ひれ伏す中、モルデカイがハマンに
ひれ伏さないことに怒り狂い、ハマンは
すべてのユダヤ人を滅ぼす
ことを決めた。

**ニ**
エステルの宴会の前夜、王はなぜか
寝つけず、記録の書を家来に読ませた。
すると二人の家来が自分を殺そうとして
いたのをモルデカイが報告した
とあった。

**ホ**
国中から新しい王妃を
選び、王が一番愛したエステ
ルが新王妃に選ばれた。

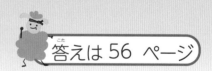

答えは 56 ページ

※できごとの順番を、「1番目」の例にならって、「2番目」から記号で書き入れよう。

| 1番目 | 2番目 | 3番目 | 4番目 | 5番目 | 6番目 | 7番目 | 8番目 |
|---|---|---|---|---|---|---|---|
| イ | | | | | | | |

できました

月　日

# 第48課 エルサレムに帰り
## 52日で城壁を修復する
( ネヘミヤ記 )

（ネヘミヤ記 9章17節）

あなたは恵みに満ち、
れみ深い赦しの神。怒
るに遅く、慈しみに富と
み彼らを見捨てること
はなさいませんでした。
（聖書協会共同訳）

あなたは赦しの神であり、
情け深く、あわれみ深く、
怒るのに遅く、恵み豊か
であられ、彼らをお捨て
になりませんでした。
（新改訳2017）

☑「こども聖書検定・旧約聖書編 公式テキスト」の本文 142-143 ページを読もう。
☑ 右の聖句をおぼえて、声に出して言ってみよう。

 問い　ネヘミヤの城壁修復が 52 日間でできるよう、迷路を抜けて応援しよう。

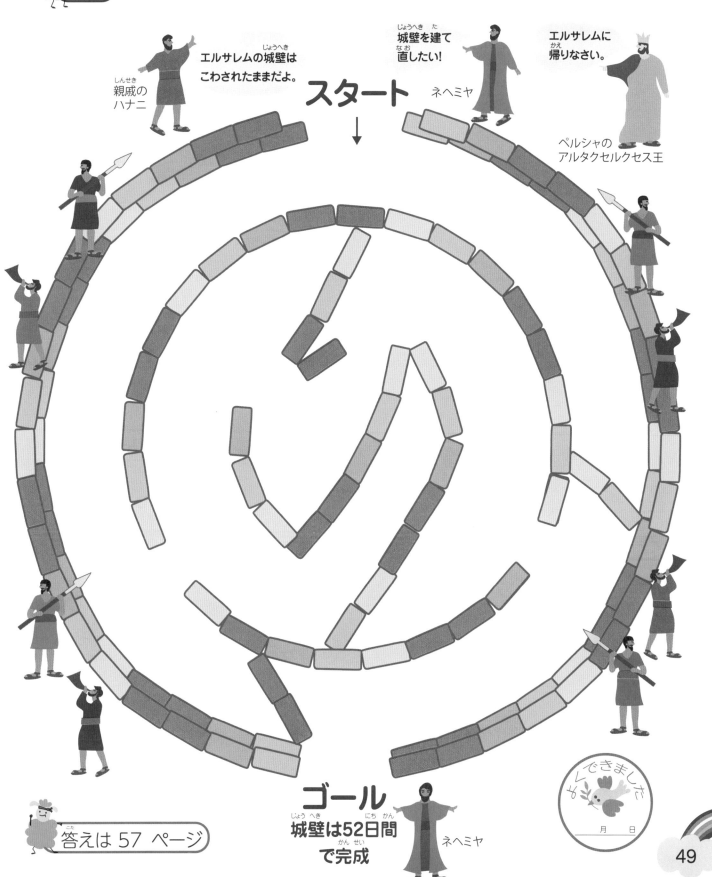

エルサレムの城壁は
こわされたままだよ。
親戚の
ハナニ

城壁を建て
直したい!
ネヘミヤ

エルサレムに
帰りなさい。
ペルシャの
アルタクセルクセス王

スタート
↓

ゴール
城壁は52日間
で完成
ネヘミヤ

答えは 57 ページ

できました
月　日

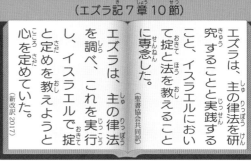

（エズラ記7章10節）

エズラは、主の律法を研究することと実践することに専念した。

エズラは、主の律法を調べ、これを実行し、イスラエルで掟と法を教えようと心を定めていた。

（新改訳2017）

イスラエルにおいて掟と法を定め、イスラエルを教えること

（聖書協会共同訳）

☑「こども聖書検定・旧約聖書編 公式テキスト」の本文 144-145 ページを読もう。

☑ 右の聖句をおぼえて、声に出して言ってみよう。

（問い）神殿が再建されて 60 年くらいたったころ、エズラは多くの民とともにエルサレムに戻った。
文章の空欄に当てはまる語句を一番下の四角の枠から、記号で選ぼう。

---

(1)
エズラの旅が守られるように、（　　　　　　　）王は手紙を書いてエズラに持たせました。

(2)
神様の守りの中、エズラたちは無事にエルサレムに到着しました。おどろいたことに、イスラエルの民は神様の律法を守らず生活をしていました。（　　　　　　　）を礼拝する民と結婚した者もいます。

(3)
水の門に民が集まりました。みなエズラに（　　　　　　　）を読んでほしいと願いました。

(4)
（　　　　　　　）の祭りも行いました。先祖たちがエジプトから救い出されたこと、荒野での生活、神様がどのように守ってくださったのか、どのように導いてくださったのかを思い起こすためです。

---

（イ）律法の書
（ロ）仮庵
（ハ）アルタクセルクセス
（ニ）偶像

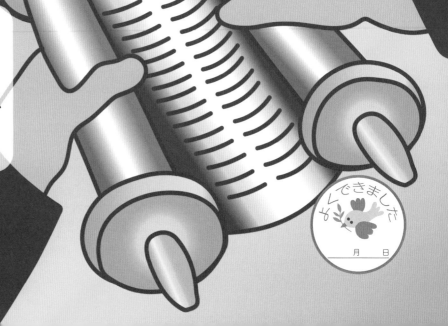

答えは 57 ページ

できました
月　日

# 第50課 聖書の中間時代

## 救い主イエス・キリストの誕生を待ち望む

Old 旧約聖書
中間 時代
New 新約聖書

起きよ、光を放て。あなたの光が来て主の栄光があなたの上に昇ったのだから。起きよ、輝け。まことに、あなたの光が来る。主の栄光があなたの上に輝く。
（新改訳2017）

☑ 「こども聖書検定・旧約聖書編 公式テキスト」の本文 146 ページを読もう。
☑ 右の聖句をおぼえて、声に出して言ってみよう。

問い　バビロン捕囚で国がなくなってしまったため、旧約聖書と新約聖書の間には約400年の空白の時代がある。文章の空欄に当てはまる語句を一番下の四角の枠から、記号で選ぼう。

## Old 旧約聖書

(1)
ペルシャのキュロス（クロス）王によってユダヤ人は捕囚から解放されました。ユダヤに戻った人々は神殿を建て直しましたが、そのままバビロンにとどまった人たちもいました。また、（　　　　　　　）に散って行った人たちも大勢います。

(2)
ユダヤ人は、それぞれの場所で安息日を守り、（　　　　　　　）を教える人も出てきました。

(3)
世界に散って行った人たちは、そのころ世界の共通語であったギリシャ語を話すようになり、ギリシャ語の（　　　　　　　）も作られました。

(4)
「（　　　　　　　）イエス・キリストがダビデの町ベツレヘムでお生まれになる」
新約聖書は、この良き知らせから始まります。

（イ）旧約聖書
（ロ）世界中
（ハ）救い主
（ニ）律法

New 新約聖書

答えは 57 ページ

よくできました
月　日

**第1課 はじめに** 天地創造

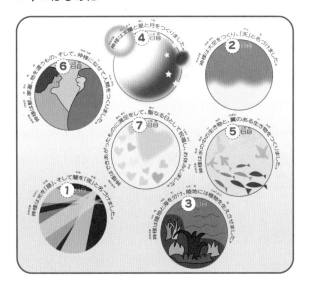

**第5課 正しい人ヨブ** 祝福する神

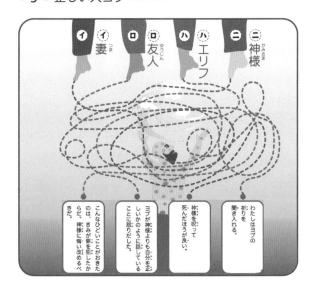

**第2課 罪のはじまり** 最初の人アダムとエバ

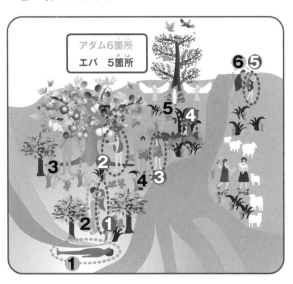

**第6課 信仰の人アブラハム** アブラハムの義・イサクの犠牲

**第3課 虹の約束** ノアの箱舟

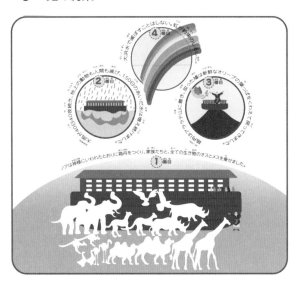

**第7課 つかみ取るヤコブ** ヤコブから神の約束の民

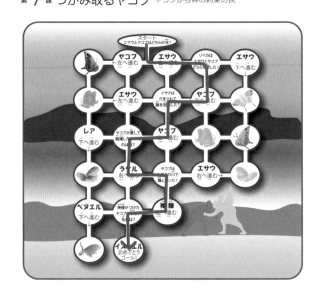

# 9～19 ページの答え合わせ!

## 第8課 神様がヨセフと共におられる ヤコブ一族エジプト

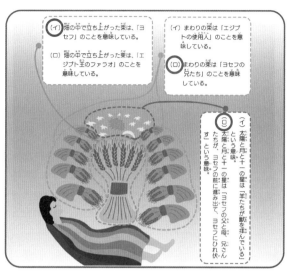

※「太陽と月と十一の星」については、創世記 37:9～11 を読んでください。

## 第9課 モーセの使命 わざわいからの救い

1. 燃える柴の、木が白い
2. アロンの服の色が違う
3. 魚がフグになっている
4. カエルがひっくりかえっている
5. ブヨが蝶になっている
5. いなごがひっくりかえっている
6. ファラオの向きが違う

## 第10課 神様が過ぎ越される

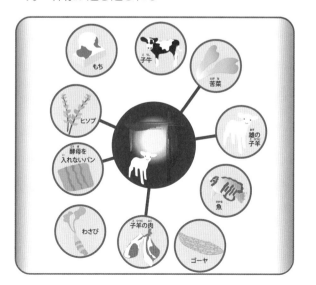

## 第13課 幕屋

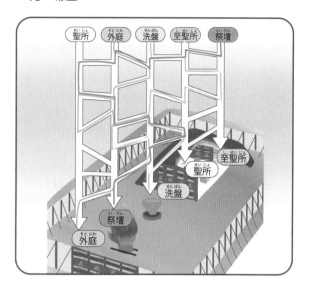

## 第15課 しゃべるロバ モアブの王バラクと占い師バラム

## 第18課 12名の勇しい士師 ギデオン・サムソン

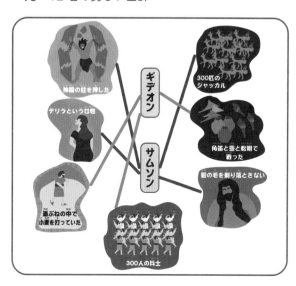

## 第19課 あなたの神は私の神 ルツ・ナオミ・ボアズ

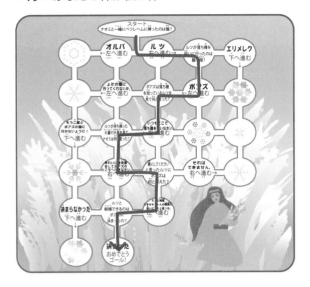

## 第22課 ダビデ王のイスラエル統一王国 ダビデの栄光と罪

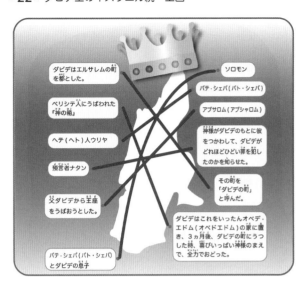

## 第20課 初代イスラエルのサウル王 預言者サムエルがサウル王に油を注ぐ

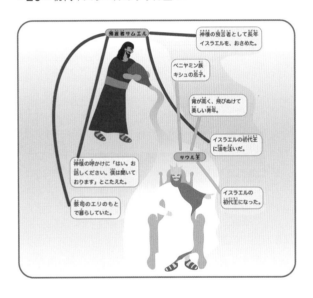

## 第24課 ソロモンの知恵 ソロモンの栄光と罪

## 第21課 ダビデとゴリアテ(ゴリアト) サウルは千を打ち、ダビデは万を打つ

## 第28課 王国が南北に分かれる 預言者たちの活躍

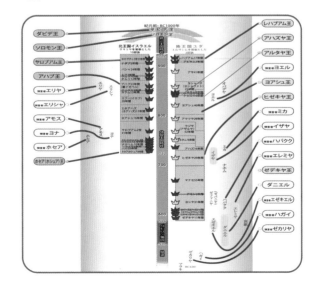

## 第29課 生きたまま天に上った預言者エリヤ

## 第30課 エリヤの2倍の霊を求めた預言者エリシャ

## 第31課 7歳の王ヨアシュ 南王国ユダの王ヨアシュの神殿修復

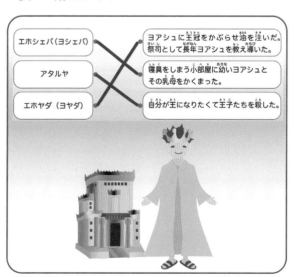

## 第32課 大きな魚にのみこまれたヨナ 異邦人への救い

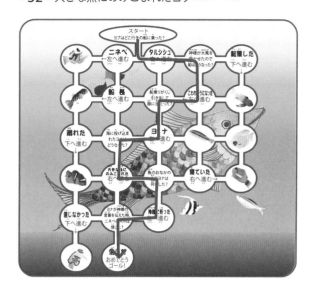

## 第35課 北王国イスラエル最後の王ホセア（ホシュア）王 アッシリアに滅ぼされる

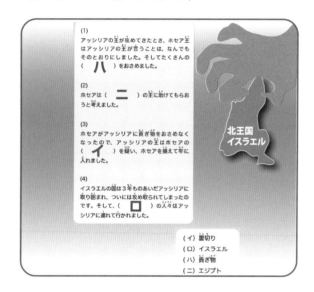

## 第37課 命拾いしたヒゼキア王 イザヤの預言でアッシリアから守られた

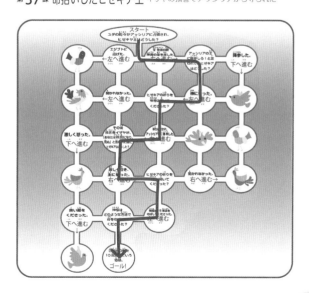

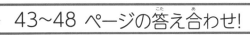
第42課 捕囚民となって生きのびなさい 国の滅びを見届けた、涙の預言者エレミヤ

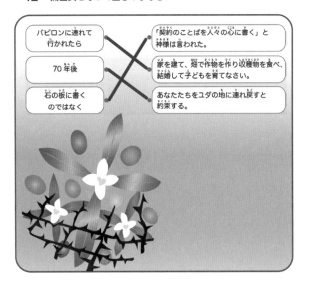

第45課 バビロン捕囚民となった預言者エゼキエル 枯れた骨の復活

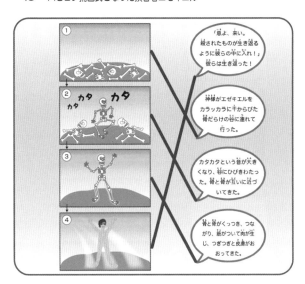

第43課 エルサレムが攻め落とされバビロン捕囚となる エルサレム陥落・バビロン捕囚

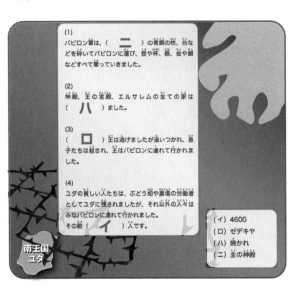

第46課 エルサレムに帰り神殿を再建をする

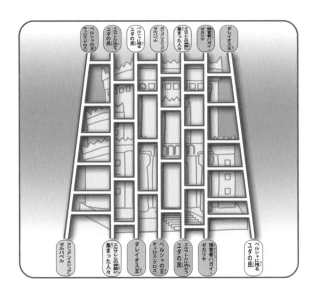

第44課 ライオンの穴から救われたダニエル 捕囚中の民を励ます神

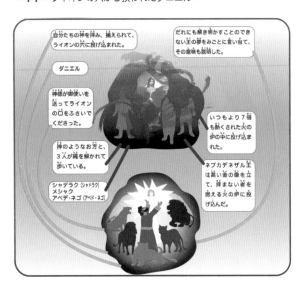

第47課 ユダヤ人の絶滅を防いだエステル 勇気ある美しき王妃の決断

## 第48課 エルサレムに帰り 52 日で城壁を修復をする

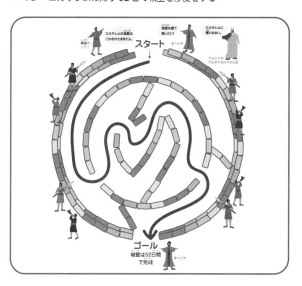

## 第49課 モーセの律法の学び エズラとネヘミヤの宗教改革

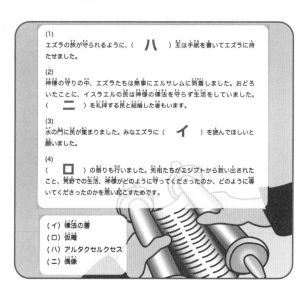

(1)
エズラの旅が守られるように、( ハ )王は手紙を書いてエズラに持たせました。

(2)
神様の守りの中、エズラたちは無事にエルサレムに到着しました。おどろいたことに、イスラエルの民は神様の律法を守らず生活をしていました。( ニ )を礼拝する民と結婚した者もいます。

(3)
水の門に民が集まりました。みなエズラに( イ )を読んでほしいと願いました。

(4)
( ロ )の祭りも行いました。先祖たちがエジプトから救い出されたこと、荒野での生活、神様がどのように守ってくださったのか、どのように導いてくださったのかを思い起こすためです。

(イ) 律法の書
(ロ) 仮庵
(ハ) アルタクセルクセス
(ニ) 偶像

## 第50課 聖書の中間時代 救い主イエス・キリストの誕生を待ち望む

(1)
ペルシャのキュロス(クロス)王によってユダヤ人は捕囚から解放されました。ユダヤに戻った人々は神殿を建て直しましたが、そのままバビロンにとどまった人たちもいました。また、( ロ )に散って行った人たちも大勢います。

(2)
ユダヤ人は、それぞれの場所で安息日を守り、( ニ )を教える人も出てきました。

(3)
世界に散って行った人たちは、そのころ世界の共通語であったギリシャ語を話すようになり、ギリシャ語の( イ )も作られました。

(4)
「( ハ )イエス・キリストがダビデの町ベツレヘムでお生まれになる」新約聖書は、この良き知らせから始まります。

(イ) 旧約聖書
(ロ) 世界中
(ハ) 救い主
(ニ) 律法

# 旧約聖書通読ガイド　旧約聖書を1年間で読んでみましょう。

| 課 | タイトル | 聖書 |
|---|---|---|
| 第1課 | はじめに | （創世記） |
| 第2課 | 罪のはじまり | （創世記） |
| 第3課 | 虹の約束 | （創世記） |
| 第4課 | 混乱 | （創世記） |
| 第5課 | 正しい人ヨブ | （ヨブ記） |
| 第6課 | 信仰の人アブラハム | （創世記） |
| 第7課 | つかみ取るヤコブ | （創世記） |
| 第8課 | 神様がヨセフと共におられる | （創世記） |
| 第9課 | モーセの使命 | （出エジプト記） |
| 第10課 | 神様が過ぎ越される | （出エジプト記） |
| 第11課 | 海が二つに割れる | （出エジプト記） |
| 第12課 | 神様の教え | （出エジプト記・レビ記・民数記） |
| 第13課 | 幕屋 | （出エジプト記・レビ記・民数記） |
| 第14課 | 12人の偵察隊 | （民数記） |
| 第15課 | しゃべるロバ | （民数記） |
| 第16課 | 新しいリーダーにヨシュア | （申命記） |
| 第17課 | エリコの城壁が角笛と大声でくずれる | （ヨシュア記） |
| 第18課 | 12名の勇しい士師 | （士師記） |
| 第19課 | あなたの神は私の神 | （ルツ記） |
| 第20課 | 初代イスラエルのサウル王 | （サムエル記） |
| 第21課 | ダビデとゴリアテ（ゴリアト） | （サムエル記） |
| 第22課 | ダビデ王のイスラエル統一王国 | （サムエル記・歴代誌） |
| 第23課 | 主はわたしの羊飼い | （詩編／詩篇） |
| 第24課 | ソロモンの知恵 | （列王記） |

| 週 | 通読箇所 | 詩編 |
|---|---|---|
| 1週目 | 創世記1-5章 | 詩篇1-3章 |
| 2週目 | 創世記6-11章 | 詩篇4-6章 |
| 3週目 | 創世記12-26章 | 詩篇7-9章 |
| 4週目 | 創世記27-36章 | 詩篇10-12章 |
| 5週目 | ヨブ記1-42章 | 詩篇13-15章 |
| 6週目 | 創世記37-41章 | 詩篇16-18章 |
| 7週目 | 創世記42-46章 | 詩篇19-21章 |
| 8週目 | 創世記47-50章 | 詩篇22-24章 |
| 9週目 | 出エジプト記1-11章 | 詩篇25-27章 |
| 10週目 | 出エジプト記12-13章 | 詩篇28-30章 |
| 11週目 | 出エジプト記14-40章 | 詩篇31-33章 |
| 12週目 | レビ記1-27章 | 詩篇34-36章 |
| 13週目 | 民数記1-18章 | 詩篇37-39章 |
| 14週目 | 民数記19-36章 | 詩篇40-42章 |
| 15週目 | 申命記1-17章 | 詩篇43-45章 |
| 16週目 | 申命記18-34章 | 詩篇46-48章 |
| 17週目 | ヨシュア記1-24章 | 詩篇49-51章 |
| 18週目 | 士師記1-21章 | 詩篇52-54章 |
| 19週目 | ルツ記1-4章　サムエル記上1-15章 | 詩篇55-57章 |
| 20週目 | サムエル記上16-31章 | 詩篇58-60章 |
| 21週目 | サムエル記下1-24章 | 詩篇61-63章 |
| 22週目 | 列王記上1-22章 | 詩篇64-66章 |
| 23週目 | 詩編／詩篇1-150編（全編を通して読んでみましょう） | 詩篇67-69章 |
| 24週目 | 列王記下1-25章 | 詩篇70-72章 |

月日　メモ

「こども聖書検定・旧約聖書編」の目次に沿った、時系列での旧約聖書通読です。

よくできました

月　日　メモ

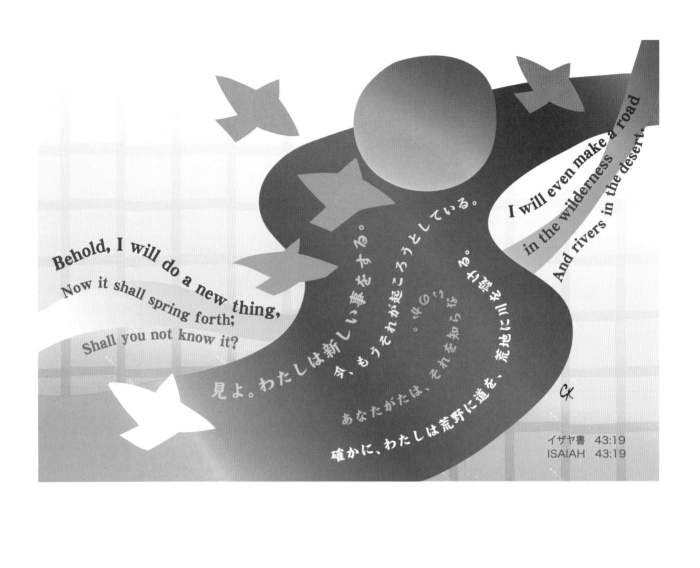

Behold, I will do a new thing,
Now it shall spring forth;
Shall you not know it?

I will even make a road
in the wilderness
And rivers in the desert.

見よ。わたしは新しい事をする。
今、もうそれが起ころうとしている。
あなたがたは、それを知らないのか。
確かに、わたしは荒野に道を、荒地に川を設ける。

イザヤ書　43:19
ISAIAH　43:19

*Surely*
## goodness *and* mercy
*shall follow me*
*All the days of my life;*
*And I will dwell in the*
## house of the Lord
*Forever.*

まことに、私のいのちの日の限り、
いつくしみと恵みとが、私を追って来るでしょう。
私は、いつまでも、主の家に住まいましょう。
詩編 23：6  PSALMS 23：6

*Two* *are*
*better*
than one,
Because they have
a good reward
for their labor.
For if they fall,
one will lift up
his companion.
ECCLESIASTES 4:9,10

ふたりはひとりよりも
まさっている。
ふたりが労苦すれば、
良い報いがあるからだ。
どちらかが倒れるとき、
ひとりがその仲間を
起こす。

伝道者の書 4:9,10

And your darkness
shall be as the noonday.
ISAIAH 58:10

あなたの暗やみは、
真昼のようになる。

イザヤ書 58:10

**本文中の文章は「こども聖書検定・旧約聖書編　公式テキスト」から抜粋**

**著者：岩佐 めぐみ**（こども聖書検定・旧約聖書編　公式テキスト本文）

1958年、東京都に生まれる。多摩美術大学グラフィックデザイン科卒業。

童話作家。デビュー作『ぼくはアフリカにすむキリンといいます』のドイツ語版が2018年、日本作品で初めてとなるドイツ児童文学賞を受賞する。作品に、上記に続く「クジラ海のお話」シリーズ（借成社）、『バッファローおじさんのおくりもの』『カンガルーおばさんのおかいもの』（講談社）などがある。クジラ海のお話は、さまざまな言語に訳され世界中の子どもたちに愛されている。

ぶどうの木キリスト教会土浦チャペル牧師。

**構成・デザイン・イラスト：村上 芳**

一般社団法人 聖書検定協会　代表理事

Tokyo Union Church 会員：1872(明治5)年に東京・築地外国人居留地に設立された超教派のインターナショナル教会。※現在は表参道（東京都渋谷区神宮前）

みことばアートなどクリスチャンアートの制作多数。

ミッションは聖書のみことばをすべての人に伝えること。

# こども聖書検定・旧約聖書編　公式学習補助ドリル Vol.1

2023年12月1日 初版第1刷発行

| | |
|---|---|
| 著　者 | 岩佐 めぐみ（こども聖書検定・旧約聖書編　公式テキスト本文） |
| 構成・デザイン | 村上 芳 |
| 発　行　人 | 村上 芳 |
| 発行・発売 | 一般社団法人 聖書検定協会 |

〒236-0023 横浜市金沢区平潟町31-1
TEL:045-370-8651　FAX:045-370-8671
Email : info@seisho-kentei.com
URL : https://seisho-kentei.com

聖書 新共同訳：

(c) 共同訳聖書実行委員会 Executive Committee of The Common Bible Translation

(c) 日本聖書協会 Japan Bible Society , Tokyo 1987,1988

聖書 新改訳：

©1970,1978,2003 新日本聖書刊行会